소인격체 클리닉

그림으로 안내하는 내면의 삶

톰 홈즈, 로리 홈즈 지음 | 샤론 에크스타인 그림 | 이진선, 이혜옥 옮김

소인격체 클리닉

그림으로 안내하는 내면의 삶

톰 홈즈, 로리 홈즈 지음 | 샤론 에크스타인 그림 | 이진선, 이혜옥 옮김

Σ 시그마프레스

소인격체 클리닉 – 그림으로 안내하는 내면의 삶

발행일 | 2013년 5월 1일 1쇄 발행
2014년 2월 5일 2쇄 발행
2019년 8월 10일 3쇄 발행

저 자 | Tom Holmes, Lauri Holmes
삽화가 | Sharon Eckstein
역 자 | 이진선, 이혜옥
발행인 | 강학경
발행처 | (주)시그마프레스
편 집 | 김보라
교정 · 교열 | 이정현

등록번호 | 제10－2642호
주소 | 서울특별시 영등포구 양평로 22길 21 선유도코오롱디지털타워 A401～402호
전자우편 | sigma@spress.co.kr
홈페이지 | http://www.sigmapress.co.kr
전화 | (02)323－4845, (02)2062－5184～8
팩스 | (02)323－4197

ISBN | 978－89－6866－028－3

Parts Work: An Illustrated Guide to Your Inner Life

Original title: Reisen in die Innenwelt. Der Selbsterfahrungs-Guide in Bildern by Tom Holmes © 2010 by Kösel-Verlag, a division of Verlagsgruppe Random House GmbH, München, Germany.

* 책값은 책 뒤표지에 있습니다.

역자 서문

내면 가족 시스템 치유(Internal Family Systems Therapy, IFS Therapy)에 관심을 갖게 된 것은 지금으로부터 십여 년 전이다. 생명의학분야에 오랫동안 몸담고 있었던 역자에게는 시스템이란 용어가 낯익었고, 기업에 근무하면서 연구 · 개발 · 생산 · 마케팅 등 사회적 유기체 내에서의 목적지향적 활동에는 시스템적 사고가 필요하다는 개념에 익숙해 있던 터였다. 그 당시 우연히 *The Plural Self: Multiplicity in Every Day Life*라는 책을 접하게 되었고, 그 개념의 곁가지를 따라가다 보니 IFS 모델이라는 광맥을 만나게 되었다.

역자 주변에는 우울증, 외상, 자살 시도 등 극단적인 삶의 경험을 한 분들이 늘 있어왔다. 공역자인 이혜옥 선생은 생활 속의 상담자요 심리치료사로서, 기존의 방법으로 해결되지 못하는 이 분들의 심리문제에 대해 늘 안타까운 마음을 가졌고, 어떻게 하면 이 분들의 치유를 도와줄 수 있을까를 숙고하며 더 나은 기법에 대한 갈증을 가지고 있던 차에 이 IFS 모델을 접하게 되었다.

IFS는 인간의 정신세계를 잘 그려주는 모델이며, 우리의 생각과 감정, 상처와 보호, 갈등뿐만 아니라, 영적인 존재와 지혜도 포용하는 모델이다. 이 모델은 우리 인격체가 작은 부분(즉, 소인격체 또는 하위인격체)들과 참자아의 합이라는 개념을 바탕으로 하고 있으며, 인본주의 접근법과 영적인 면이 결합하여 보다 깊은 전인적인 치유와 성장으로까지 나아갈 수 있는 잠재력을 지니고 있는 모델이다. 또한 임상 현장에서는 인지행동, 게슈탈트, 보이스 다이얼로그, 가족체계치료와 유사한 기법이 활용되므로 종합 심리치료기법이라 할 수 있다.

모든 사례에 두루 적용할 수 있는 완벽한 모델은 없다. 우리에게 필요한 것은 내담자의 문제해결을 돕고자 하는 열정과 특정 문제상황에 모델과 기법을 적용하였을 때 재현성 있게 효과를 거둘 수 있는 프로세스다. IFS 치유법이 역자들 주위의 극단적 삶의 경험자들을 도울 수 있는 효과적인 도구와 프로세스로서 활용될 수 있기를 희망한다.

역자들은 이해하기 쉬운 설명과 함께 풍부한 삽화를 곁들인 이 책이, IFS 모델을 일반 대중에게 전달할 수 있는 가장 효과적인 도구라고 생각하여 번역하게 되었다. 원제는 *Parts Work*로, 이는 인격체를 구성하는 작은 부분들의 기능과 역할을 긍정적으로 교정하는 작업을 의미한다. 이 책에서는 이를 '소인격체 클리닉'이라고 의역하였다. 역자들은 앞으로도 IFS 치유 프로세스에 대해 지속적으로 소개하여, 이 치료법이 임상 현장에서 분명한 효과로 많은 사랑을 받기를 기대한다.

끝으로 이 책의 출판을 허락해주신 ㈜시그마프레스의 강학경 대표님과 원고 교정에 애써 주신 이정현 선생님을 비롯한 편집부에 깊은 감사를 드린다.

2013년 3월

공역자 이진선 · 이혜옥

한국어판 저자 서문

저희 부부는 이 책이 한국어로 번역될 수 있게 된 것에 감사드립니다. 특히 이진선 박사님과 이혜옥 소장님이 한국어판의 출간을 계획하시고 본문 내용을 신중하게 번역하시기 위해 많은 노력을 기울여주신 것에 깊은 감사를 드립니다. 또한 ㈜시그마프레스의 강소연 님 도움 없이는 한국어판의 출간이 가능하지 않았을 것입니다. 출판사 관계자 여러 분들께도 감사드립니다.

이 내면 시스템의 틀은 프로이트의 틀에 기초한 전통적인 서구 심리학보다는 한국사회에 더 적합할 수 있을 것이라고 생각합니다. 우리가 경험한 바로는 이 생동적인 시스템 모델은 그것이 사용되고 있는 문화의 콘텐츠와 역동에 잘 순응합니다. 한국에서도 이것이 확인될 수 있기를 바라며, 한국에서의 출판을 계기로 이러한 주제를 중심으로 한 대화가 오갈 수 있기를 기대합니다.

이 책의 목표는 일반 대중 및 내담자에게는 인간 행동을 쉽게 이해하도록 돕는 하나의 방편으로, 치료사에게는 새로운 관점과 효과적인 치료 방법을 제공하는 것입니다. 미국과 유럽에서 다양한 계층의 청중들이 보여준 긍정적인 반응으로부터 이러한 목표가 달성 가능하다는 믿음을 갖게 되었습니다. 이것이 한국에서도 사실로 밝혀질 수 있기를 바랍니다.

향후 한국의 심리학자들이 임상 현장에서 이것을 사용하면서 얻는 경험들을 나눌 수 있게 되기를 기대합니다.

톰 & 로리 홈즈

감사의 글

이 책은 많은 사람들의 노력의 결과물이다. 누구보다도 나의 아내요, 가장 아끼는 인생의 동반자인 로리가 가장 많이 수고하였다. 아내는 나를 리처드 쉬워츠에게 연결시켜주었을 뿐만 아니라 5년이란 긴 잉태 기간 동안 이 책을 주의 깊게 살피며 자양분을 공급해주었다. 특히 지난 4개월 동안 출산을 위해 산파가 필요할 때 그녀는 편집자로서, 독려자로서, 지원자로서, 그리고 공저자로서 이루 셀 수 없이 많은 방식으로 참여하였다. 우리가 이 책을 마지막으로 취합하는 단계에서 서로에게 소인격체 클리닉을 해줌으로써 우리 관계에서 사랑과 이해를 심화시키면서 창조적 파트너십이라는 탁류를 헤치며 나아갈 수 있도록 만들어주었다. 우리가 함께 쓴 제6장에서 이 소인격체 클리닉을 우리의 관계에 어떻게 적용하였는지를 볼 수 있을 것이다.

이 책에서 또 다른 중심적 역할을 한 사람은 창의력과 통찰을 가지고 그것을 표현한 샤론 에크스타인이다. 인성에서 보편적인 것을 끌어내는 그녀의 비상한 능력은 내게 그림으로 내면 시스템을 안내하고자 하는 영감을 주었고, 그녀의 그림을 본 사람들의 열광적인 반응이 그것을 현실화시키고자 하는 강한 동기를 제공하였다.

나는 IFS 모델을 탄생시키고 오랜 세월 동안 그 모델에 자양분을 공급해준 리처드 쉬워츠에게 대단히 감사한다. 1980년대 후반에 그의 훈련반에서 수년간 함께했던 즐거운 추억을 가지고 있다. 이로 말미암아 나는 오늘날까지 지속적으로 성장하며 발전하는 치료법의 새로운 비전을 갖게 되었다.

또한 심리치료사로서 커갈 수 있도록 중심적 역할을 했던 사람들에게 감사하고 싶다. 임상심리학 프로그램의 선임 교수, 맬 로버트슨은 치료사들을 훈련시키는 효과적인 모델뿐만 아니라 내가 남들을 가르치는 것을 좋아한다는 사실을 발견할 수 있는 기회를 제공해주었다. 진 밸러드는 지금까지도 나의 임상 슈퍼바이저이면서 평생 멘토이며, 치료 현장에 임하는 자세와 계속되는 지적 물음을 몸으로 보여주는 모델이 되고 있다.

나의 심리치료 스승들이 중요하였듯이, 나의 영적인 스승들도 중요하였다. 피르 빌라얏

이낫 칸은 나를 처음으로 수피 보편주의자*)의 길(Sufi Universalist path)로 들어서게 하였다. 아툼 오케인은 그 길에서 지혜롭고 사랑 넘치는 멘토가 되어주었으며 타지 이나얏은 최근에 내가 마음의 오솔길로 깊이 들어갈 수 있도록 도와주었다. 베트남 출신 불교신자인 틱낫한 스승과 그 종파의 수도승과 수녀는 내게 이 책의 중심이 되는 불교심리학의 개념을 제공해주었고, 또한 매일의 삶에서 마음챙김(mindfulness)과 공감을 몸으로 보여주었다.

웨스턴미시간대학교의 전인건강 프로그램은 내게 영성과 심리치료의 통합을 탐색하고 가르칠 수 있는 자리를 마련해주었다. 오랜 세월 동안 나를 지원해준 교수진, 직원, 대학원 조교 및 학생들에게 감사를 전한다. 나는 또한 영성과 심리치료의 통합에 대한 강의를 개설해주고 수피의 길로 들어설 수 있는 중요한 기회를 제공하여준 피터 핀다이젠, 카린 퓌세르 핀다이젠, 그리고 독일의 카두케우스 클리닉 의료진에게 감사의 마음을 전하고 싶다.

또 하나의 중요한 자원은 지난 3년간 샤론 에크스타인, 주디 화이트허스트, 카리나 멀스키, 그리고 인타 드젤마가 참가하였던 훈련그룹으로부터의 지원이었다. 내면 시스템의 본성과 그것이 어떻게 치유를 가져다주는지 통찰할 수 있는 그들의 능력은 나로 하여금 이 소인격체 클리닉의 놀라운 치유 역량을 더욱 인정하도록 만들었다.

나와 함께, 개인적으로든 워크숍으로든 치유의 여정에 동참했던 모든 이들에게 감사와 존경을 보낸다. 내가 사랑과 이해를 일깨우는 동안 고통과 두려움에 직면하고자 하는 그들의 용기와 결단이 그들 개인적인 삶에 치유와 균형을 가져오며, 자신들을 치유할 뿐만 아니라 세상을 치유하도록 돕고 있는 것이다.

나는 특별히 샤론의 삽화와 본문을 종합하여 이 책의 형태가 갖춰지도록 제인 머피가 쏟은 시간과 창의력, 기술에 감사한다. 또한 출판 과정의 중대한 시기에 편집에 대한 조언을 해준 캐시 제임즈에게, 그리고 편집 과정에서 신중하면서 철두철미하게 도움을 베푼 폴라 제이미슨에게도 감사한다.

나는 또한 이 책을 집필할 수 있도록 너그러이 별장을 사용하게 해준 밥과 루이즈 번바,

---

*) 역자 주 : 수피주의는 마음을 치유하며 모든 것에 등 돌리고 오직 하나님만을 향하게 하는 과학이다. 달리 이야기하면, 신성의 임재로 여행하고, 내면의 속사람을 정화하며, 칭송할만한 특성으로 미화시키는 방법을 알 수 있게 해주는 과학이다. 보편주의자들은 대부분의 종교가 가지고 있는 보편적 원리를 강조하고, 인성과 신성 사이의 보편적인 화해를 믿으며, 다른 종교들을 포용한다.

그리고 빌과 벳치 맥슨 부부에게도 감사를 표하고 싶다.

마지막으로 나의 부모님, 더우드와 메리 홈즈께도 감사한다. 나는 내가 하는 모든 일에서 두 분의 넘치는 이해와 마음으로 늘 함께 해주시는 사랑의 빚을 지고 있다.

서론

1980년 초, 리처드 쉬워츠는 IFS 모델로 알려진 개인치료의 새로운 방법을 개발하였다. 그의 모델은 많은 심리학자들이 '소인격체('하부 인격체'라고도 함)' 혹은 '자아상태'라 부르는 것들과 작업할 수 있는 시스템적인 방법을 제공하였다. 존 로완은 그의 저서 *Subpersonalities*(1990)에서 이 심리학자들의 글을 요약하였다.

이 책은 내가 임상 현장에서, 웨스턴미시간대학교에서 대학원생들과 함께 한 강의실에서, 그리고 미국 전역과 유럽에서 가진 워크숍과 훈련 현장에서 거의 20년간 사용해온, 나 나름대로의 IFS 모델을 소개하고 있다. 이러한 세월에서 얻은 임상 및 교육경험을 바탕으로 나는 왜 우리는 지금의 모습대로 생각하며, 느끼고, 행동하는가, 그리고 우리의 내면과 외면의 삶에서 조화와 균형을 향하여 나아갈 수 있는 방법은 무엇인가에 대해 내가 깨달은 바를 나누고자 한다.

이 책에 사용된 샤론 에크스타인의 삽화는 이 책이 출판되기 전까지 파워포인트 발표자료로만 공개되던 것들이었다. 미국과 유럽에서 가졌던 워크숍과 훈련을 통해서 나는 계속해서 이 샤론의 그림을 이용하여 내면 시스템에 대한 그림 안내서를 출판하여야겠다는 생각을 굳히게 되었다. 이 그림들은 전 세계 사람들을 열광시켰고 내면 시스템 모델에 쉽게 접근할 수 있도록 도움을 주었다. 이 책을 통한 나의 바람은 그림을 일상언어와 결합시켜 인간의 행동을 이해하는, 이 독특하고 효과적인 방식을 전파함으로써 치료사, 환자, 일반 대중에게 유익이 되도록 하는 것이다. IFS 모델을 좀더 자세히, 그리고 원래의 형태로 알고자 하는 사람들은 리처드 쉬워츠가 저술한 *Introduction to the Internal Family Systems Model*(2001)을 읽어보기 바란다.

이 책의 제목은 **소인격체 클리닉**으로 정하였다. '소인격체 클리닉'은 비공식적인 용어이며, 대부분의 IFS 치료사와 내담자들은 IFS 치료라고 일컫고 있다. '부분(혹은 소인격체)'이란 용어는 독특한 사고, 감정, 행동이 한 묶음으로 일관성을 가지며 변화를 경험하는 마음 상태를 뜻한다. 이 마음의 상태들이 자주 떠오르는 생각과 감정의 패턴을 반영할 때, 우리는 그것들을 우리 자아의 서로 다른 '부분'이라고 부른다. '부분'과 같이 독립된 개체로 부르는 것은 우리가 경험하는 생각, 감정, 행동의 반복되는 패턴들을 단축해서 부르고자 하는 의도 때문이다. 이 프로세스는 제1장에서 자세히 설명한다.

어떤 독자들에게는 우리 내부의 한 부분이 나름대로의 어떤 바람이나 의도를 갖고 있을 수 있다고 상상하는 것이 어려울 수 있다. 그러나 우리는 종종 어떤 마음 상태에서는 어떤 묶음의 감정이나 욕구를 갖고, 또 다른 어떤 상태에서는 그와 매우 다른 마음의 묶음을 갖는다는 것을 느낀다. 이 상태들을 별개의 독립적인 단위로 생각함으로써 우리는 우리 자신에 대해 상당히 유용한 관점을 얻을 수 있다. 그리고 **참자아**라 부르는 마음 상태에 참여함으로써 이 서로 다른 마음의 묶음이 가진 에너지를 활용하여 좀더 균형 있는 삶을 영위할 수 있다. 이것이 소인격체 클리닉의 목표이다.

따라서 부분들이 감정을 가지고 있고, 서로 싸우며, 우리의 생각을 지배하는 품성들인 동시에 우리의 마음 어딘가에 자리 잡고 있는 거의 별개의 인격체처럼 보일 때가 종종 있다. 하지만 우리 모두가 다중인격장애로 고통받고 있다는 의미는 아니다. 다중인격장애는 어릴 적에 경험한 심한 외상에 대한 기억이 의식으로부터 완전히 분리되는('해리') 방어기제의 특징을 갖는다. 이 해리의 결과, 그 사람이 어떤 때에는 완전히 다른 인격체가 된다. 이 인격체들은 종종 서로에 대해 전혀 알지 못한다. 이것은 소인격체 클리닉의 목표와 정반대이다. 소인격체 클리닉의 목표는 우리를 구성하는 모든 부분들에 대한 이해를 증진시키는 것이다.

우리 안에는 이 부분들(혹은 우리가 경험하는 생각과 감정의 패턴들)을 관찰할 수 있고, 의식의 중심이 되는 또 하나의 자리가 있다. 우리는 이 마음 상태를 **참자아**라고 부른다. 우리는 **참자아**를 개발시킴으로써 자신의 심리 시스템에 조화와 균형을 가져올 수 있다. 이것이 IFS 치료의 1차 목표이다.

이 책에서 제시하는 소인격체 클리닉 모델은 IFS 모델과, 불교학자이자 교사인 틱낫한의 가르침에서 이야기하는 의식의 본성에 대한 여러 가지 중심개념을 결합한 것이다. 20세기 후반 정신세계의 시스템적인 모델과 의식의 본성에 관한 고대 불교의 가르침이 서로 잘 융화될 수 있다는 사실은 대단히 흥미롭다. 나는 이 불교의 개념을 이 책의 기본 구성의 일부로 사용하였을 뿐만 아니라, 소인격체 클리닉 모델을 사용하여 내담자의 영적 삶을 심리치료로 통합시키는 과정에도 몇 장을 할애하였다. 영적인 이해와 임상을 결합시킨 IFS 치료

모델은 나의 35년 연구와 임상과 교육에서 찾아낸 가장 효과적인 심리치료 모델이다. 이 같은 작업방식은 내담자의 영적인 삶을 쉽게 통합시키며 이 같은 통합이 일어날 때 효과는 한층 더 증대된다. 제8장은 영성을 치료 프로세스에 통합시키는 것을 논의하고 있다.

나는 교사로서 이 치료모델이 제공하는 통찰을 좀더 많은 청중들과 나누는 방법을 찾고자 노력해왔다. 이 책은 이러한 대중을 위해 쓰였다. 이 책은 우리의 모든 차원에서 우리 자신들을 알아가는 내용을 다루고 있다. 내면 시스템이 어떻게 작동하고 있는지 좀더 큰 그림을 독자에게 보여주기 위해서 후반부에 장기치료에 대한 자세한 설명을 포함시켰다. 내면 시스템에 대한 이해를 통하여 우리 자신들 안의 서로 다른 모든 부분들을 수용하고 통합시킴으로써 우리 자신들뿐만 아니라 다른 사람들까지도 고통스럽게 만드는 내면의 생각, 감정, 행동의 패턴들을 변화시킬 수 있는 역량을 개발하는 법을 배울 수 있게 된다. 이러한 의도를 가지고 로리, 샤론과 나는 이 책을 집필하였다. 이 책이 당신 자신과 다른 사람들을 이해할 수 있는 흥미롭고 즐거운 방법이 되기를 바란다.

톰 홈즈

미시간 주 칼라마주

2010년 9월

차례

제1장

소인격체 클리닉의 개요

"나의 한 부분이 있어요…."

우리는 우리 스스로가 여러 가지 상황에서 얼마나 다르게 반응하는지를 보고 종종 놀라게 된다. 마치 우리가 상황에 따라 다른 사람이 되는 것처럼 보인다. 이러한 경험을 설명해주는 표현들이 많이 있다. "내가 제정신이 아니었어.", "그 인간 때문에 내 뚜껑이 열렸어.", "그건 내가 아니었어." 또는 누군가에 대해 이야기하기도 한다. "그는 강의실에 들어올 때마다 정말로 자기도취에 빠져요." 혹은 "그녀는 정말 수줍어해요. 그러나 무대에 오르기만 하면 아주 딴 사람이 돼요!" 혹은 "그는 협상 테이블에 앉기만 하면 싸움닭으로 바뀌어요."

우리는 우리의 정신 혹은 신체 상태에서 일어났던 최근 사건으로 인하여, 동일한 상황에서도 다르게 반응할 수 있다. 불교 전통에서는 이러한 상태를 '심소(mental formation, 대상의 부분을 구체적으로 인식하는 마음 작용)' 혹은 '습관유형'이라 부르고, 피아제와 인지행동학파는 '스키마(schema)'라고 부른다. 정신통합학파는 '소인격체(혹은 하위 인격체)'라 부르고 정신역동학파는 '자아 상태(ego state)'라 부른다. 이 책에서는 그것들을 '부분(part)'이라 부르고자 한다.[**)]

내면세계를 그림으로 표현하기

다음의 그림은 틱낫한이 제시한 불교의 시각에서 본 의식의 특성이다. 이 불자의 모델은 소인격체 클리닉에서 내면 시스템을 바라보는 관점과 거의 동일하다. 그는 원을 사용하여 의식의 중요한 두 수준을 표현하고 있다.

**) 역자 주 : 이 책에서는 독자의 이해를 돕기 위해 'part(s)'는 '부분(들)'으로, 'parts work'는 '소인격체 클리닉'으로 번역했다.

아래쪽 반원은 '의식의 저장소'를 나타낸다. 그 안에는 우리 인간이 가지고 있을 수 있는 모든 잠재적인 마음의 상태를 품고 있는 씨앗들이 저장되어 있다. 어떤 마음 상태는 우리 삶에서 반복적으로 나타난다. 이렇게 규칙적으로 나타나는 마음 상태가 이 책에서 말하는 '부분'이다. 위쪽 반원은 틱낫한의 표현에 의하면 우리 의식의 '거실'이라고 불리는 일상의 의식을 나타낸다. 마음 상태 혹은 부분이 전경으로 들어오면서 우리의 생각, 감정, 행동을 장악할 때, 우리는 '그 부분이 거실에 있다'라고 표현한다. 불교심리학에서는 내면 및 외면 조건들이 활성화를 지지할 때는 '특정한 마음 상태가 떠오르고', 더 이상 지지하지 않을 때는 '그것이 의식의 저장소로 들어가게 된다'고 말한다.

매일의 의식에서 활성화되지 않은 특정 부분들은 의식의 저장소 안에 머물러 있는다.

의식의 저장소에는 우리의 모든 부분들과 장차 나타나게 될 잠재적인 부분들의 씨앗이 있다. 어떤 부분들은 우리 마음의 거실로 올라오기 위하여 적절한 시간과 상황을 기다리면서 일시적으로 저장되어 있다. 이 씨앗들은 우리의 유전적 · 문화적 · 개인적 역사로부터 형성된 습관 에너지를 지니고 있다. 칼 융은 그 씨앗들이 과거의 총체적 경험 속에 원형적 기반(archetypal basis)을 가지고 있는 것으로 보았다. 조건이 맞으면 발달할 수 있는 씨가 수백 개 있다. 그러나 일반적으로는 열두 명의 출연진이 제1진을 구성하고 있으며, 그중에 너댓 명이 우리 시스템 안에서 주전 선수로 활약한다.

이것을 이해할 수 있는 좋은 방법은 당신의 내면 시스템에 지금 바로 적용해보는 것이다. 지금 이 순간, 이 책에 반응하고 있는 당신 마음에는 다양한 부분들이 있을 수 있다. 당신의 '흥미 있어 하는 부분(새로운 것들을 이해하고 배우기를 좋아하는 부분)'이 활성화되어 있을 수 있다.

이 책을 읽는 지금, '흥미 있어 하는 부분'이 활성화되어 있는가?

만약 그렇다면 그 부분은 지금 바로 당신 마음의 거실에 있는 것이다.

반면에 당신이 여기서 읽는 것에 대해 의심을 가지고 있다면 이 책은 당신의 '회의적인 부분'이나 '비판적인 부분'을 활성화시켰을 수 있다.

이 상반되는 두 부분이 당신의 의식 가운데 공존할 수도 있다. 그러면 당신이 흥미를 느끼는 한편 조심스러워할 것이다.

당신의 어떤 부분이 마음의 전경, 즉 거실에 있느냐에 따라 당신은 당신의 세계를 매우 다른 방식으로 경험하게 된다. 우리의 부분들 각각은 자기들만의 방식으로 우리의 인식을 여과한다. 각각의 부분들은 세상을 보는 나름대로의 특별한 방식을 갖고 있다. 따라서 당신이 당신의 삶의 경험을 어떻게 바라보는지는 당신의 어떤 부분이 거실에 있느냐에 따라 크게 달라진다.

반대로 '비판적인 부분'이 활성화되어 있을 수도 있다.

앞서 언급한 바와 같이 불교 모델로부터 나온

두 부분들이 동시에
활성화될 수도 있다.

간단하지만 심오한 개념은 다음과 같다. 바로 내면과 외면의 조건이 적합할 때에는 하나의 마음 상태, 즉 부분이 우리 마음의 거실인 일상 의식으로 올라오지만, 조건들이 변하면 그 부분은 저장소로 도로 들어간다. 이 때문에 우리가 상황에 따라 전혀 다른 사람이 되는 것처럼 보일 수 있다. 마음의 거실은 상당히 활동적이다. 일상적 삶의 과업에 대처하도록 돕기 위해, 우리의 여러 부분들은 외부세계와 상호작용을 하면서 나타났다 사라진다. 이 부분들 중의 어떤 것들은 다른 것들보다 오래 머문다. 그리고 어떤 것들은 떠날 시간인데도 거실을 떠나지 않는다. 당신이 필사적으로 떠나보내고 싶어도 당신 마음에서 떨쳐버릴 수 없는 생각이나 감정들이 바로 이런 것들이다. 이 책의 목적 중 하나는 우리의 내면 시스템이 조화와 균형을 이룰 수 있도록 우리의 여러 가지 부분들에게 자각과 의도를 불어넣고자 하는 것이다.

부분들의 춤

대학에서 강의할 때 나는 항상 학생들이 자신의 '흥미 있어 하는 부분'을 강의실에 가져올 수 있기를 바라고 있다. 나는 종종 자녀들을 키우며 직장을 다니는 대학원 학생들로 구성된 저녁반을 가르친다. 흔히 이 학생들은 자신의 '흥미 있어 하는 부분'을 강의시간에 가져오기 힘들어 한다. 그들은 강의실에 앉아는 있지만 내 눈에는 그들 의식의 거실을 장악하고 있는 '녹초가 된 부분'이 보인다. 각 부분은 우리의 시스템에서 자기 임무가 있다. 내가 '녹초가 된 부분'이라고 부르는 것은 과중한 업무와 탈진의 표시이며, 그 사람에게 이제는 쉴 시간임을 알리는 것이다.

그러나 흔히 그렇듯이 특정 부분들이 우리를 몰아부치기 때문에 우리는 다른 부분들이 보내는 어떤 메시지에는 주의를 기울이지 않는다. 아마도 가족 중에 누군가가 병들었기 때문에 '돌보는 부분'이 활성화되어, '염려하는 부분'과 '양육하는 부분'을 밤새도록 거실에 놓아두고 '우리를 쉬게 만들려는 부분'을 옆으로 제쳐놓을 수도 있다.

아침에는 '다기능 수행 부분'이 출근 전에 다른 집안일을 관리해야 한다. 저녁때가 되면 학생은 탈진하며 그녀의 '녹초가 된 부분'이 거실을 장악하고 그녀에게 "이제 그만하라. 이제 쉴 시간이다."라고 이야기한다. 그러나 그녀의 '과업 독려 부분'이 억지로 그녀의 몸을 강의실로 끌고 온다. 그 결과, 그녀의 신체적인 컨디션은 흥미 있어 하는 학생에게 마음의 여유를 주지 못하고 있는 것이다.

'녹초가 된 부분'은 우리에게 쉼과 긴장 완화가 필요하다는 것을 알려준다.

어떤 부분이 매일 마음의 거실에 머물 수 있도록 지지하는 조건일 때는 그 부분이 올라온다는 원리를 기억하라. 더 이상 지지하지 않는 조건일 때는 그 부분이 저장소로 도로 들어간다. 내 강의를 듣는 한 학생은 그녀의 **관리자**가 에스프레소 커피를 두 잔씩 마시며 자신의 신체 조건을 바꾸려고 노력했다. 충분한 카페인과 함께 내 강의가 제대로 된 조건을 만들어줄 만큼 재미있다면 '흥미 있어 하는 부분'은 '보스 부분'으로부터 어느 정도의 잔소리를 듣더라도 거실로 되돌아오게 된다.

'녹초가 된 부분'은 종종 '염려하는 부분'이나 '일하는 부분'이 너무 오랫동안 거실을 장악하였을 때 나타난다.

커피는 특정 부분들이 거실로 올라오도록 하기 위하여, 우리가 의도적으로 자신의 신체 조건들을 바꾸는 방법이다. 몸은 '조건들'을 구성하는 기본 요소들 중 하나이다. 우리는 피곤하거나 아플 때, 언짢거나 슬픈 기분이 우리의 의식을 훨씬 쉽사리 장악하고, '공부하려는 부분'을 거실로 들여보내는 것이 힘들어진다는 것을 알고 있다. 심리적, 사회적 그리고 다른 환경적 요인들이 특정 부분들을 촉발시키는 조건들을 구성하는 나머지 요소들이 된다.

심리적인 소프트웨어로서의 부분

우리 안의 각 부분들은, 우리가 우리 앞에 놓여 있는 삶의 과업에 가장 잘 대처할 수 있는 마음 상태로 들어가도록 설계된 매우 정교한 심리적 소프트웨어라고 할 수 있다. 따라서 컴퓨터가 재정 상태를 추적하는 회계 프로그램을 갖고 있듯이, 우리는 처해 있는 상황에 대한 논리적인 정보를 제공해주는 '분석적인 부분'을 가지고 있다. 그래서 예산의 균형을 맞추려 하거나 대금을 납부하고자 할 때, 컴퓨터 윈도우 안에 있는 재무 관리 프로그램 아이콘을 클릭한다.

내면의 '노예 감독자'는 우리가 녹초가 되었을 때에도 일을 시킨다.

어떤 사람은 다른 사람보다 쉽게 이 재무 관리 프로그램에 접근한다. 그러나 어떤 사람들은 이 프로그램이 자기 컴퓨터에 들어 있었는지조차 모를 수도 있다! 또 어떤 사람은 청구서를 받아 들고 '어찌할 줄 모르는 아이 부분'의 모습을 보일 수도 있고, 다른 사람은 '주의력을 분산시키는 부분'이 자동적으로 올라와, 해야 할 일을 미루어놓고 컴퓨터 게임을 하고 있을 수도 있다.

우리 인간 소프트웨어는 현재의 컴퓨터 소프트웨어와 비교가 되지 않을 정도로 더 복잡하고 융통성이 있지만, 이 '윈도우' 비유는 매우 유용하다. 메인 메뉴에 있는 아이콘을 클릭함으로써 프로그램을 활성화시키듯이, 여러 가지 상황이나 사람들에 의해 활성화될 수 있는 우리의 한 부분을 나타내는 상징이라 할 수 있다.

"그가 정말로 내 뚜껑이 열리게 한다."라는 표현이 있다. 이것은 보통 부분들을 화나게 자극하거나 짜증나게 하는 사람을 가리킨다. 즉, 다른 사람이 우리의 부분들을 활성화시키는 것이다. 어떤 사람은 낭만적인 감정을, 또 어떤 사람은 두려움을, 또 다른 사람은 우리의 장난기를 활성화시킨다. 우리가 좋아하는 음식의 향기는 '먹고 싶어하는 부분'을 활성화시키며, 작고 귀여운 아이는 '양육하는 부분'을, 친근한 사람은 '우호적인 부분'을, 짖어대는 큰 개는 '무서워하는 부분'을 활성화시킬 수 있다.

우리 안의 각 부분들은 특정한 삶의 상황에 대처하기 위해 설계된 심리적 소프트웨어와 같다. 부분들은 컴퓨터 화면상의 아이콘에 비유할 수 있다.

거실에 올바른 부분들을 갖다 놓기

우리가 필요로 하는 올바른 부분들을 활성화시키는 것이 항상 쉽지는 않다. 예를 들면, 하루 종일 '직장 관리자 부분' 상태에 있다가 직장에서 퇴근하여 귀가하는 경우, 우리를 간절히 보고 싶어하고 있었던 아이가 문간에서 맞아주는 순간 애정어린 반응을 보여주기가 어려울 수 있다. 오히려 우리가 아이에게 제대로 인사조차 하지 않은 채, 맡겨놓은 집안일은 제대로 했는지 물으며 숙제는 언제 할 것이냐는 지시를 할 수도 있다.

안타깝게도 그 아이는 문간에서 엄마의 '양육하는 부분'이 자신을 맞아주기를 바라고 있었다!

그 반대 상황도 일어날 수 있다. 부모의 '양육하는 부분'이 너무 지배적이어서 필요할 때 아이를 훈련시키지 못하는 것이다. 이상적인 것은 우리가 필요할 때 다양한 부분들에게 접근할 수 있어, 삶의 갖가지 상황에 대해 겨우 몇 가지 습관적인 반응으로 고착되지 않도록 하는 것이다.

컴퓨터 소프트웨어에서처럼 프로그램을 제대로 작동시키는 것이 항상 쉽지만은 않다. 우리가 재무 관리 프로그램을 활성화시킬 필요가 있을 때에도 게임 프로그램에서 손을 떼지 못할 수 있다. 혹은 '이성적인 부분'이 상황을 관리하여야 할 때 '화난 부분' 혹은 '놀란 부분'이 장악하여 우리를 곤경에 빠뜨리기도 한다.

때때로 우리의 '전문직 부분'이 집까지 따라올 때, 우리는 부분들 가운데 갇혀 있기도 한다.

상황에 가장 적합한 부분으로 옮겨가는 데 시간이 걸릴 수 있다.

컴퓨터에서는 우리가 모든 프로그램의 아이콘을 볼 수 있고 그들에게 접근할 수 있는 메인 메뉴로 되돌아가는 법을 알아야 한다. 인간 시스템도 마찬가지다. 소인격체 클리닉에서 메인 메뉴에 해당하는 것이 이른바 **참자아**이다. **참자아**는 우리 안의 중심에 위치한 장소로서 우리가 필요할 때 적당한 부분들에 접근할 수 있는 곳이다. 다음

장에서 **참자아**의 특성과 기능을 탐색하기로 한다.

이 책에 있는 그림은 부분들이 자신을 어떻게 드러내고 있는지 이해할 수 있도록 도와준다. 그러나 이러한 이미지가 그 부분에 대한 당신의 이해를 제한시키지는 않도록 해야 한다. 우리의 모든 시스템들은 독특하기 때문에 당신의 부분들은 여기에 예시된 부분들과 비슷할 수도 있고 그렇지 않을 수도 있다. 부분들은 우리 삶에서 때때로 특정 역할을 해야 하기 때문에 특정한 형태를 취하게 되며, 조건이 바뀌게 되면 전혀 다른 모양이나 형태를 취할 수 있다.

우리의 시스템 안에 있는 일차적인 부분들에 대한 감각을 익히는 것은 중심을 잡는 데 있어서 중요하다. 다음의 연습문제는 당신 성격의 제1출연진, 즉 시스템 안에 있는 부분들을 파악하고 탐색하는 방법을 제시해준다.

자신의 부분들을 알아가기

1. 당신 삶에서 강한 반응을 불러일으키는 어떤 상황에 대해 생각해보자. 이 같은 반응을 보이는 부분들을 명료하게 추적하는 방법은 다음과 같다.
   - 어떤 감정이 이 반응에 동반되고 있는가?
   - 그 반응이 당신 몸 어디에서 느껴지고 있는가?
   - 어떤 생각이 이 반응에 동반되고 있는가? 이 부분은 무엇을 이야기하고 싶어하는가?
   - 이 부분을 대표할만한 이미지를 당신 마음에 그려보도록 하라. 그것은 어떤 모습인가?

2. 당신은 일상생활에서 자신을 관찰함으로써 자신의 1차적인 부분들을 자각할 수도 있다. 그것들을 관찰하고 기록해보자.
   - 어떤 상황들이 부분을 활성화시키고 있는가?
   - 어떤 감정과 행동이 이 부분들에 동반되고 있는가?
   - 이 부분들은 어떤 기능을 가지고 있는가?
   - 이 부분들은 어떻게 당신을 돕고 있는가?
   - 당신이 그 부분 상태에 있을 때 당신 주위에 있는 사람들은 어떻게 반응하는가?
   - 나중에 당신은 어떤 느낌을 갖는가? 자신을 표출한 이 부분들에 대항하여 나중에 반응하는 부분들이 있는가?

3. 만약 당신이 부분들을 도우미로 생각한다면, 당신이 다음과 같은 여러 유형의 부분들을 가지고 있다는 사실을 깨닫게 될 것이다. 그것들을 자세하게 적어보자.
   - 당신이 일을 마무리 짓도록 돕는 부분들
   - 당신이 당신의 필요를 알고 주장하도록 돕는 부분들
   - 당신이 긴장을 풀고, 놀며, 재미를 느낄 수 있도록 돕는 부분들

제2장

내면 시스템 안에 있는 참자아

“우리가 중심에 앉아서 알 수 있나요?”

“우리가 원 주위를 돌며 춤을 추고 추정하지만, 가운데 앉아 있는 비밀은 알고 있다.”

–로버트 프로스트, 1993

내면 시스템의 중앙에는 부분들과는 본성이 다른 것이 자리 잡고 있다. 그곳은 우리가 부분들을 관찰할 수 있는 위치이다. 즉, 그곳은 우리의 중심이다. 자기 심리학에서는 이것을 ‘관찰하고 있는 자아(observing ego)’라 부른다. 불교에서는 ‘목격자’ 혹은 ‘마음챙김’이라고 부른다. IFS를 개발한 리처드 쉬워츠는 이것을 **참자아**(Self)라고 부르고 있으며, 이 책에서도 이 용어를 사용하고자 한다. **참자아**는 우리 존재의 핵심으로서, 의식적인 자각(mindful awareness), 자애로운 마음에서 우러나오는 관계성(compassionate connectedness), 침착함(calm), 자신감 있는 명료함(confident clarity)의 특징을 갖는다.

‘참자아’는 우리가 공감과 이해를 가지고 부분들을 관찰할 수 있게 하는, 우리 존재의 핵심이다.

우리가 **참자아** 상태에 있을 때는 보통과는 상당히 다른, 그러나 누구에나 있는 자각 상태에 있게 된다. 이 상태에서는 판단하지 않는 부드러운 눈으로 우리 자신과 다른 사람들을 바라보게 된다. 우리는 우리 자신의 내면 상태뿐만 아니라, 우리가 대하고 있는 다른 사람들의 내면 상태에까지 마음을 쓰며, 마음을 사로잡는 애정 어린 관찰자가 된다. 이 상태에서 우리는 염려나 불만을 내려놓고 우리의 전체를 자각하게 된다. 여기서 우리가 무엇을 요구받느냐에 따라 수동적인 목격자가 될 수도 있고 적극적인 행위자가 될 수도 있다. 그리고 이 상태에서 우리는 우리가 해야 할 것이 무엇인지 분명히 알게 된다.

우리가 **참자아**라고 부르는 의식 상태에 있을 때, 우리는 부분들을 관찰할 수 있으나 그들에 의해 장악되지는 않는다. 예를 들면, 우리는 단순히 화나거나 슬퍼하는 것을 넘어, 자신이 분노나 슬픔 자체가 될 정도로 매우 화가 나거나 슬퍼지는 때가 있다. 소인격체 클리닉의 용어로는 '화난 부분', '슬픈 부분'이 우리와 혼합된다고 하며, 우리가 완전히 그러한 마음 상태 가운데 있게 되는 것을 말한다. 그 부분이 거실 전체를 장악하는 것이다. 만약 우리가 그 감정으로부터 한 걸음 물러날 수 있다면 우리는 그 감정에 휩싸이지 않고 어느 정도 거리를 둘 수 있게 된다. 그 순간에 **참자아**는 우리 의식의 거실로 들어올 수 있게 되는 것이다.

'참자아'는 필요할 때 적절한 부분들을 활성화시키는 오케스트라의 '지휘자'라 할 수 있다.

참자아는 아주 예민해서 설명하기가 쉽지 않다. 어떤 이는 **참자아**는 물과 같아 깨끗하고 조용하며 침착하고, 내면 시스템의 화려한 부분들이 갖고 있는 '성격'을 갖고 있지 않다고 말한다.

참자아를 설명하는 또 하나의 방법은 오케스트라의 '지휘자'로 보는 것이다. 모든 부분들은 우리 삶으로 음악을 만드는 악기 연주자들이다.

연주자가 없으면 음악도 없다. '지휘자'가 없으면 음악이 시작된다 하더라도 혼란스러워진다. 따라서 직장에서는 '지휘자'가 '직장 관리자'를 활성화시킨다. '양육자'가 나타나야 할 시간이 되면 '지휘자'인 **참자아**는 시끄러운 관악기를 조용히 시키고 '양육자'의 따뜻한 저음의 현악기가 등장하도록 할 수 있다. 그래서 우리가 제대로 기능하고 조화로운 상태에 있을 때 '지휘자'인 **참자아**는 우리의 필요한 부분들을 쉽게 끌어낼 수 있다.

우리가 **참자아** 상태에 있을 때 우리가 갖고 있는 특성은 무엇인가? 리처드 쉬워츠는 우리가 **참자아** 상태에 있을 때 우리는 침착함(calm), 긍휼히 여김(compassionate), 호기심(curiosity), 명료함(clarity), 자신감(confidence), 창의력(creativity), 용기(courage) 및 관계성(connectedness)을 가지고 있는 것을 발견하였다(2003). 정신통합치료의 창시자, 로베르토 아사지올리는 **참자아**를 외부의 어려움과 내면의 고통에 직면해서도 중심을 유지할 수 있는 경험으로 설명한다. 이러한 경험은 몸과 감정 혹은 마음의 변화에 의해 흔들리지 않는, 항상 의식이 있고 선택할 수 있는 상태를 말한다(Brown, 1983, pp. 11-12).

컴퓨터의 초기화면이 소프트웨어보다 상위 수준에 있는 것과 같이, '참자아'도 부분들보다 상위 수준에 있다.

참자아와 심리적인 소프트웨어

참자아를 설명하는 과정은 이 책이 당면한 가장 힘든 과업이라 할 수 있다. 따라서 나는 그것을 이해할 수 있는 다양한 방법을 제시하고자 한다. 앞서 논의한 컴퓨터 소프트웨어 모델을 사용하면, **참자아**는 메인 메뉴와 같다. 컴퓨터의 메인 메뉴는 컴퓨터 시스템에서 프로그램보다 한 수준 위다. 메인 메뉴로부터 우리는 어느 순간에 필요한 컴퓨터 프로그램으로 옮겨갈 수 있다. 마찬가지로 **참자아**는 심리 시스템의 상위 수준(meta-level)에 있으면서 주어진 상황이 되면 **참자아**로부터 주어진 상황에 필요한 부분으로 옮겨갈 수 있다.

그러나 우리가 때때로 컴퓨터 프로그램에 갇혀서 나갈 수가 없듯이 고통스런 사건이 '분노 부분', '두려움 부분', '판단 부분'으로 하여금 거실을 장악하게 만든다. 그 결과 우리는 그 부분에 갇혀 꼼짝 못하게 된다. 우리는 그것을 우리가 떨쳐버릴 수 없는 심적 상태로 경험한다. 당신이 컴퓨터 프로그램에 갇혀 나갈 수 없을 때 어떻게 하는가? 전원을 껐다가 다시 켠다. 그러면 당신은 메인 메뉴로 돌아온다. 인간 시스템도 이와 매우 유사하다. 우리도 자신에게 중간 휴식을 제공함으로써 신속하게 원위치시킬 수 있다. 이렇게 하는 방법 중의 하나는 산책을 하거나 커피 한 잔을 마시는 것인데 이것은 우리를 중심, 즉 **참자아**로 돌아오게 한다. 끈질긴 문제에 대해서는 우리가 모든 시스템을 정지시키고 잠을 자야 할지도 모른다. 깨어날 때는 보통 우리의 **참자아** 상태로 되돌아오게 되고 좀더 중심 잡힌 상태에서 하루를 시작할 수 있게 된다.

자녀가 안달하거나 짜증 내거나 화를 낼 때, 부모는 아이의 '짜증 내는 부분'을 거실에서 내보내기 위해 재미있는 것으로 그 아이의 주의를 끌거나 혹은 간지럽혀서 웃게 만들 수 있다는 것을 알고 있다. 그러나 때로는 아이가 낮잠을 자는 것만이 유일한 해법이 되기도 한다. 아이가 깨어나면 시스템이 원위치로 돌아가 메인 메뉴에 접근하게 된다.

참자아와 시(詩)

당신에게 와 닿는 설명이 있기를 바라는 마음에서 **참자아**를 이해할 수 있는 다양한 방법을 몇 가지 더 제공하고자 한다. 전혀 다른 시각에서 시(詩)가 **참자아**를 설명하는 아주 좋은 방법이 될 수 있다. 이 장이 시작될 때 사용된 인용문은 20세기 한 시인의 것으로 **참자아**의 경험을 명료하고도 간결하게 표현하고 있다. 두 번째로 다음의 인용문은 2000여 년 전에 이미 비슷한 생각을 가졌던 장자의 표현이다.

> "예"와 "아니오"가 원 주위를 따라 서로를 좇는 동안 우리는 원의 중심에 앉아 이해한다 (Mitchell, 1993, p. xv).

우리의 부분들은 온갖 경험에 대하여 판단하고 "예"와 "아니오"로 답하며 삶의 활동에 얽매인 채로 우리의 중심 주위를 춤추며 돌고 있다. **참자아** 상태에서는, 부분들을 추방하거나 부분들에 의해 제압당하지 않으면서, 우리 부분들의 춤을 관망할 수 있는 위치를 찾아낸다. 이 이미지는 칼 융이 자기(self)를 '자아(ego)가 주위를 돌고 있는 존재의 중심'으로 설명한 것과 동일하다(Singer, 1973).

참자아를 아마도 가장 직접적으로 설명한 것은 19세기 미국 시인 월트 휘트만의 시 '나 자신의 노래(Song of Myself)'에서 일 것이다. 여기서 부분들의 시각에서 바라본 세상에 대한 우리의 경험을 **참자아** 상태에서 바라본 경험과 대비시켜 본다.

> 내가 만나는, 나를 둘러싸고 묻는 사람, 딴지 거는 사람들,
> 내게 영향을 미치는, 나의 어릴 적 삶, 내가 살고 있는 병동, 도시, 나라,
> 최근의 데이트, 발견, 발명, 모임들, 중진과 신진 작가들,
> 나의 저녁 식사, 드레스, 동료들, 모습, 칭찬, 회비,
> 내가 사랑하는 남자나 여자의 진짜 혹은 환상적 무관심,
> 내 동료 혹은 나 자신의 병약함 혹은 잘못이나 상실감, 무일푼, 혹은 우울함이나 찬양,
> 전투, 동족상잔의 전쟁에 대한 공포, 의심스러운 뉴스에 대한 열광, 변덕스런 사건들.
>
> 밤낮으로 이것들이 내게로 왔다가는 떠난다.
> 그러나 그것들은 나 자신이 아니다.
> 끌고 돌아다니는 것과는 무관하게 나 자신의 모습은 그대로 있다.
> 즐거워하며, 만족해하며, 긍휼히 여기며, 유유자적하며, 하나가 되어 있다.
> 내려다보기도 하고, 서 있기도 하며, 만져도 알 수 없는 받침대에 팔을 걸치고,
> 다음에는 어떤 것이 올까 궁금해하면서 고개를 갸우뚱하고 바라본다.
> 게임을 들락날락하며 보기도 하고 그에 대해 궁금해하기도 한다.
>
> (Leaves of Grass, 1897)

"게임을 들락날락하며 보기도 하고 그에 대해 궁금해하기도 한다." 끌고 돌아다니는 것과는 무관하게 삶의 게임 '가운데'에 있으면서 관망하는 상태는 **참자아** 상태에 대한 설명이다. 끌고 돌아다니는 것, 의심스러운 뉴스에 대한 열광은 부분의식(parts consciousness, 우리가 **참자아**에게 접근하지 못할 때 우리의 삶을 특징

짓는 마음 상태 간의 치열한 싸움)의 멋진 표현이다. 우리가 **참자아**에 접근할 수 있을 때 우리는 즐거워하며, 만족해하며, 긍휼히 여기며, 유유자적하며, 하나되는 상태가 된다. 이 구절은 조용한 기쁨, 긍휼, 사물들에 대한 있는 그대로의 수용, 만져도 알 수 없는 깊은 편안함의 받침대로 묘사되고 있다. 휘트만은 이 몇 안 되는 구절에서 상당히 많은 심리적 · 영적 지혜를 포착해내고 있다.

젤랄루딘 루미(1207~1273)는 그리스도인과 유대인뿐만 아니라 자신과 같은 이슬람교를 가진 사람들에 의해 존경 받던 수피 시인이며 신비주의자였다.

> 당신이 영혼으로 일할 때, 당신 안에 기쁨의 강이 흐른다.
> 달리 일하면 그 느낌은 사라진다.
> 당신이 가고 싶어하는 장소를 가겠다고 주장하지 말라.
> 샘에게 길을 물어라.
> 당신의 살아 있는 조각들이 조화를 이룰 것이다.
>
> (Barks 번역, 1987, p. 44)

이 기쁨의 강은 **참자아**로 살아가는 삶의 특징인 평화로운 행복이 충만한 느낌이다. 이 느낌은 우리의 슬픔, 분노 혹은 두려움을 배제함으로써 얻어지는 것이 아니다. 우리가 이러한 부분들을 보듬으면서 그들로 하여금 우리 삶에서 자연스럽고 균형 잡힌 위치를 찾도록 해줄 때 기쁨은 솟아오른다.

루미의 또 한 편의 시는 우리의 여러 가지 부분들의 경험뿐만 아니라 **참자아** 상태에 있을 때 부분들 모두가 어떻게 수용되는지 묘사하고 있다.

> 인간이란 존재는 손님을 맞는 집이다.
> 매일 아침 새로운 사람이 도착한다.
> 기쁨, 우울, 언짢음.
> 어떤 순간적인 자각이 찾아온다.
> 기대하지 않았던 방문객처럼.
> 그것들 모두를 환영하고 환대하자.
>
> (Barks 번역, 1997, p. 77)

이 글은 각 부분이 그 사람을 위해 도움이 되는 기능을 가지고 있으며 "손님 한 사람이라도 귀하게 대접해야 한다."는 소인격체 클리닉의 핵심 철학을 반영하고 있다. **참자아** 상태에 있을 때는 부분들이 초대받아 들어올 수 있다. **참자아** 상태에서 부분과의 대화는 소인격체 클리닉의 주된 내용이 된다. **참자아**가 이 대화를 책임지고 진행할 수 있을 때, 부분은 원래 그 사람을 돕기 위한 의도였다고 자신의 존재 이유를 표현할 수 있게 된다. 이 프로세스를 통해서 부분은 자신의 극단적인 행동을 잠시 밀어놓고 그 시스템 안에서 효과적인 기능을 담당하기 시작하게 된다.

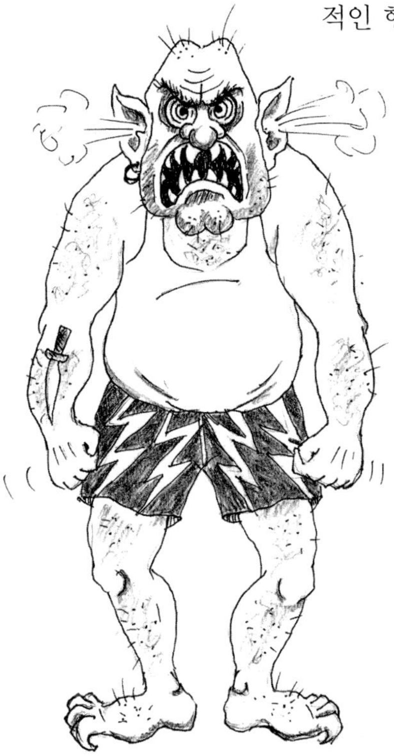

이후에 나오는 장에서 우리는 어떻게 부분들이 극단적이 되거나 경직될 수 있는지, 그리고 **참자아**로 돌아가는 것이 어떻게 부분들로 하여금 자연스런 균형과 기능을 되찾게 해줄 수 있는지 논의할 것이다. 우리가 이야기하고 있는 변화를 좀더 구체적으로 설명하기 위하여 여기 분노의 인물로 보이는 '화난 부분'을 예로 들어보자. 이 부분은 분명히 극단적인 상태에 있고 균형을 잃고 있으며 의식의 거실에는 **참자아**가 자리하고 있지 않다. 그러나 우리가 **참자아**를 거실로 데리고 올 수 있는 조건을 만들 수 있다면 이 부분은 변화되어 좀더 기능적인 모습을 취할 수 있게 된다. 한 내담자는 이러한 변화를 오른쪽 그림으로 묘사하였다. 분노에 가득 찬, 때로는 자기파괴적인 실체는 내담자와 가족과 친구들에게 문제를 일으켰으나, 치료적 대화 프로세스를 통해 내담자를 보호하는 기능을 수행할 수 있는 강한 부분으로 변화되었다.

이러한 변화의 예를 보여주는 또 다른 유형은 '염려하

는 부분'이다. 이는 무슨 일이 일어날까 봐 끊임없이 불안해 하는 사람의 염려를 말한다. 이 부분의 극단적인 형태는 여기 그려져 있는 염려처럼 보일 것이다.

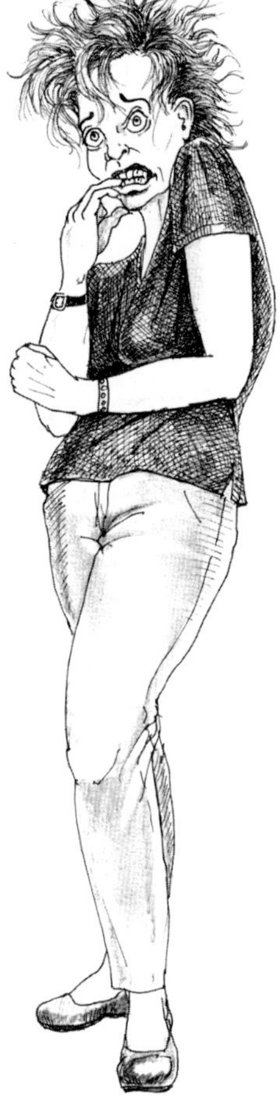

참자아가 거실로 모습을 드러내면 이 '염려하는 부분'은 효과적으로 자신의 기능을 수행하는 형태로 바뀔 수 있는 기회를 갖는다. 염려가 갖는 유용한 기능은 그 사람이 상황에 대처할 수 있도록 위험이나 위험요소를 내다볼 수 있게 하는 능력이다.

만약 그 사람이 **참자아** 상태로 바뀐다면 '염려하는 부분'이 '경계하는 부분'으로 바뀔 수 있을 것이다. 우리는 이상의 예를 통하여 **참자아**가 리더십을 회복함으로써 부분들이 균형을 잃은 상태로부터 시스템 안에서 자연스런 기능을 수행할 수 있는 상태로 바뀌는 것을 보았다. 이후에 계속되는 장에서 우리는 어떻게 소인격체 클리닉이 이러한 변화가 일어나도록 도울 수 있는지를 설명할 것이다.

마음챙김과 참자아

IFS 혹은 소인격체 클리닉의 목적은 **참자아**를 전경으로 나오게 하는 것이며 전통적인 영적 명상 훈련도 이 프로세스에 도움이 될 수 있음을 발견하였다. 가장 효과적인 훈련 중의 하나가 우리가 **참자아**라고 부르는 의식 상태와 유사한 불교에서의 마음챙김 훈련이다. 지구상에 있는 박물관과 사찰을 방문해본 끝에, 중심 잡힌 명상 상태(state of centered meditation)에 있는 부처가 **참자아**의 본질을 이야기해주고 있음을 발견하였다. 따라서 우리는 조용한 내면의 미소의 이미지를 **참자아**의 특성을 나타내는 하나의 방식으로 보고자 한다.

마음챙김은 일상생활의 행동에 평화로운 관찰 자각을 가져온다. 누구나, 의식적인 자각(mindful awareness)과 함께 걸으며, 평화로운 자각(peaceful awareness)과 함께 저녁을 준비하며, 자각과 함께 설거지를 하거나 전화를 받을 수 있다. 소인격체 클리닉의 용어로 표현하면, 마음챙김은 거실의 중앙에 **참자아**가 있는 상태로 일상적인 삶의 과업들을 수행해나가고 있는 것이라고 말할 수 있다.

우리가 '참자아' 수준에 있으면, 우리의 부분들을 공감과 이해를 가지고 보며 그들에게 미소를 보낼 수 있다.

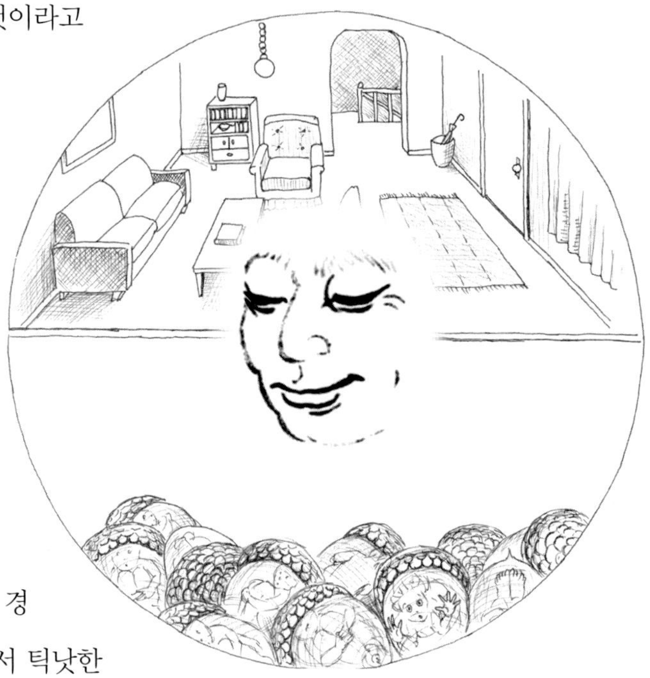

연구 결과에 따르면 마음챙김을 통해 건강의 유익을 얻을 수 있으며 최근에는 심리치료에서도 그 효과가 연구되고 있다. 심지어 연구를 기반으로 하는 이성적인 치료접근법을 사용하는 인지행동치료사들도 마음챙김의 명상을 수용하고 있다. 평화롭고 조용한 중심을 찾아 거기서부터 자신들의 삶을 살아가도록 도움을 주는 데 이것만한 것을 찾기가 어렵기 때문이다.

이 마음챙김 훈련의 힘을 잘 보여주는 개인적인 경험을 소개하고자 한다. 나는 프랑스의 플럼 마을에서 틱낫한과 함께 불교 심리학에 초점을 맞춘 일주일 간의 수련회에 참석하고 있었다. 우리는 소그룹으로 나뉘어 틱낫한의 수련의 일부인 마음챙김 훈련을 하였다. 내가 속한 소그룹에는 전 세계에서 온 심리학자들과 수도승들, 그리고 나를 비롯해서 여러 명의 교수가 있었다. 나는 마음챙김 훈련의 일과를 기대하고 있었다.

마음속에서는 평화롭게 야채를 썰거나 정원에서 흙을 파헤치는 나의 모습을 그리고 있었다. 그러나 막상 우리가 받은 명상 과제는 머리 속에 그렸던 이런 활동들이 아니고 일주일 내내 수양관에서 600개의 변기를 닦는 것이었다. 그 과제를 시작하기도 전에, 더러운 화장실에서 목격할 수 있는 것들에 대해 나도 모르게 솟구치는 혐오감을 자각하는 것으로 마음챙김 훈련은 이미 시작되었다.

마음챙김 훈련을 이용하여 **참자아** 상태로 중심을 잃지 않으면서 "여기서는 건강을 해칠 수 있는 요인을 조심해야 한다."고 일깨워주는 나의 '진저리 치는 부분'이 있음을 자각하였다. 또한 우리 몸을 떠나는 노폐물이 이 같은 혐오감으로 반응할 필요가 없는, 삶의 자연스런 부분임도 자각하게 되었다. **참자아** 상태에서 나는 내가 하는 일을 있는 그대로 볼 수 있는 자각을 하게 되었다. 깨끗한 화장실 공간을 만들어줌으로써 우리는 많은 다른 사람들에게 편의와 기쁨을 주었다(그것은 '진저리 치는 부분'이 더 이상 존재하지 않는다는 것이 아니다. 그 부분이 배경 속으로 물러난 것이다).

우리 그룹은 노래를 부르면서 기쁜 마음으로 청소를 하며 매일매일을 마감하였다. 놀랍게도 우리는 혐오스런 반응을 평화롭고 즐거운 훈련으로 바꾸어버렸다. 그 자체만으로도 그 훈련은 매우 값진 것이었지만 그 이후에 일어났던 사건들은 이 같은 훈련이 내가 다른 힘든 상황에 대처하는 방법에 대해서도 중대한 영향을 끼칠 수 있음을 보여주었다.

수련회 마지막 날 아버지께서 심장마비로 쓰러지셨고 가능한 한 빨리 집으로 오라는 전화를 받았다. 서둘러 집으로 돌아가면서 아버지를 잃게 된다는 두려움이 엄습해왔지만, 동시에 내가 얼마나 아버지를 사랑했는가를 기억해낼 수 있을 정도로 중심이 잡혀 있는 나 자신을 발견하였다. 내 마음에는 아버지가 나의 삶에 가져다준 것들에 대한 감사가 솟아올랐다. 집에 도착하였을 때 아버지가 여전히 생명을 유지하고 계신 것에 감사하였다. 가족들과 함께 수술과 관련된 위험 요인과 유익한 점에 대해 어려운 결정들을 논의하였다. 나는 이 모든 과정을 통해 현장에서 침착함을 유지할 수 있는 역량이 키워졌음을 경험하였다.

이 같은 예기치 못한 사건 때문에 내가 수련회로부터 얻은 유익을 잃어버리게 되어 너무 안 됐다고 누군가가 말했다. 하지만 사실은 그 반대이며 수련회는 이 같은 경험을 위한 완벽한 준비 과정이었음을 깨달았다. 변기 청소 명상은 위기 가운데서 **참자아**에게로 접근할 수 있는 능력을 강화시켜주었던 것이다.

다음에 나오는 장에서 우리는 부분들이 어떻게, 그리고 왜 지금의 모습대로 발달하는지, 그들이 어떻게 극단적이 될 수 있는지, 그리고 우리가 **참자아**를 거실로 들여올 수 있는 방법에는 어떤 것이 있는지에 대해 설명하고 부분들이 자신들의 자연스런 형태와 기능으로 바뀔 수 있도록 돕고자 한다. 소인격체 클리닉을 통한 그들과의 대화는 **참자아**가 리더십 역할을 취할 수 있게 해준다. 우리가 일상 생활을 영위해가면서 **참자아**의 기능을 강화시키는 데는 여러 가지 방법이 있다. 가장 쉬운 것 중의 하나가 당신의 부분들을 자각하도록 돕는 것이다. 이 책을 읽고 당신의 일상생활에서 부분들이 떠오를 때 그 부분들을 알아차리고 자각하며, 그들이 당신을 위해 무슨 일을 하는지 깨닫고 매 장 마지막에 있는 연습문제를 반복함으로써 당신은 당신 시스템 안에 있는 **참자아**를 강화시킬 수 있다.

명상과 불교 및 다른 전통에서 가르치는 마음챙김 훈련과 같은 간단한 자각연습은 **참자아**를 강화시킨다. 틱낫한은 그것을 '마음챙김의 씨앗에 물 주기'라 부른다. 한 가지 방법은, 앉아서 숨을 들이마실 때 숨을 들이마시는 것을 자각하고, 숨을 내쉴 때 숨을 내쉬는 것을 자각하는 것이다. 이 장의 마지막에 이 연습에 대한 안내가 실려 있다. 단지 몇 초밖에 걸리지 않고 하루 중 아무 때나 할 수 있기 때문에 간단하지만 강력한 훈련이다. 이것은 윗몸 일으키기 운동으로 복근을 강화시키듯이 **참자아**를 훈련하는 직접적인 방법이다. 매일 조금씩 하면 강화된다.

이 훈련의 목적이 우리 스스로가 중심 잡힌 **참자아** 상태에 있도록 돕는 것이기는 하지만, 우리가 어떻게든 항상 **참자아**의 평화와 침착함의 상태에 있어야 한다는 강박적 생각을 갖게 될 위험성이 있다. 인간의 본성을 고려해볼 때, 어느 누구도 항상 **참자아** 상태로 살아갈 수는 없을 것이다. 대부분 우리의 의식은 부분들에서 **참자아**로, 덜 자각하는 상태에서 좀더 자각하는 상태로 갔다가는 다시 덜 자각하는 상태로 되돌아오는 것이 현실이다. 그러나 **참자아** 상태에 머무르는 시간은 우리가 자각을 연습하면서 점점 더 길어질 수 있다.

자각하며 호흡하기
호흡의 자각을 통한 참자아 연습

기본 훈련

- 산만하지 않고 앉을만한 편안한 장소를 찾는다.
- 의자나 명상용 방석 또는 벤치에 앉는다(가장 편안한 것을 택한다).
- 등을 곧게 세우고 머리는 균형을 잡는 것이 핵심이다. 이 자세는 주의가 산만해지지 않고 졸지도 않게 하면서 긴장이 풀리도록 도와준다.
- 숨을 몇 번 깊이 내쉰다. 몸을 쭉 늘이면서 좀더 편한 자세를 잡는다.
- 자신의 호흡에 주의를 기울인다.
  - 코를 통해 들어오고 나가는 공기의 감각에 주의를 기울인다.
  - 숨이 자연스럽게 이동하도록 한다. 그것에 주의를 기울이기만 하면 된다.
  - 호흡과 관련된 신체적 감각(배가 오르락내리락하는 것과 코를 통해 공기가 들어오고 나가는 것)을 감지한다.
  - 들이마시기 시작할 때 어떤 느낌이 드는지, 들이마시는 것과 내쉬는 것 사이에 어떤 느낌이 드는지 감지한다. 내쉴 때 숨의 감각을 감지한다.
  - 생각과 감정이 떠오를 때 판단하지 말고 참자아 상태에서 그것들을 관찰하고는 지나가도록 한다. 당신의 부분들은 분명히 거실의 빈 공간으로 들어가 당신이 숨에 주의를 집중하지 못하도록 할 것이다. 그냥 그들에게 미소를 짓고 당신의 숨에 주의를 기울인다.

참자아 상태로 들어가기

하루 일과 중 **참자아**가 생각나면, 하고 있는 일을 잠깐 중단하고 깊은 숨을 세 번 들이마시고 **참자아**(자각 상태)로 돌아간다. 특정한 일상적인 사건을 부분들로부터 **참자아**로 돌아가도록 하는 신호로 만들 수 있다. 예를 들면, 틱낫한은 전화 벨이 울리면 수화기를 들기 전에 세 번 심호흡을 할 것을 제안한다. 차를 타거나, 시동을 걸거나, 빨간 불에 서거나, 앞문의 잠금 장치를 풀거나 하는 많은 일상 사건들을 **참자아**가 기억나게 하는 기회로 바꿀 수 있다. 또한 하던 일을 중단하고 잠깐 시간을 내어 **참자아**로 물러나는 신호로 만들 수도 있다.

부분들을 자각하기

- 매일의 활동 가운데 부분들이 떠오르면 그것들에 주의를 기울여본다.
- 부분과 관련된 특정한 상태의 마음을 감지할 때 그 부분에 미소를 던지고 다음과 같이 이야기해본다. "염려야, 안녕. 오늘 네가 활동적인 것 같구나." 부분을 단순히 공감적으로 인정하는 것만으로도 **참자아**로 되돌아갈 수 있게 만든다.
- 부분이 강하게 주의를 끌려는 것으로 보이면 무엇 때문에 그렇게 활동적이 되었는지 알아보기 위해 그 부분과 내면 대화를 시도한다.

제3장

부분들은 어떻게 발달하는가

"부분들은 부분들이다."

우리의 성장 과정에서 많은 요인들이 우리 내면 시스템 안에 있는 특정한 부분들을 더욱 강하게 만든다. 우리는 신체적 · 기질적 특징을 가지고 태어나고 여기에 특정 부분들을 더욱 활성화시키는 삶의 경험이 추가된다. 이 장에서는 이 발달 과정의 일부를 살펴보고자 한다.

우리의 모든 부분들은 신체적 · 심리적 · 사회적 욕구에 부응하기 위해 등장한다. 이 같은 도움의 기능을 우리 각 부분들의 긍정적인 의도라 부른다. 각 부분은 원래 그 행동이 부정적인 것조차도 시스템을 돕기 위해 발달한 것이다. 어떤 행동이 자기파괴적인 특성을 가질 때는 자신도 그 긍정적인 의도를 이해하기 힘들 때가 있다. 또한 다른 사람의 부분들이 보여주는 행동이 우리를 짜증나게 하거나 상처를 줄 때 그들도 긍정적인 의도를 갖고 있다는 사실이 잘 믿어지지 않는다.

우리가 성장하면서 우리의 주된 모습을 담당하는 부분들이 점점 자신들의 모양과 형체를 취하게 된다. 어떤 부분들은 많은 지지를 받기도 하지만, 또 어떤 부분들은 드러나지 못하도록 억압을 당한다. 우리가 어릴 적 생존전략으로부터 성인의 대처전략으로 옮겨가면서 발달하는 부분들을 살펴보기로 한다.

신체적 및 생존 부분

우리가 가지고 있는 부분들 중에 어떤 것들은 우리의 생존을 위한 것이다. 우리의 생존욕구 중 하나는 음식이다. 우리 시스템에 있는 강력한 부분 중의 하나는 배고플 때 거실을 장악하고 "어이, 식사 시간인데 맛있는 것 좀 먹자."라고 이야기하는 부분이다. 우리는 이 부분을 '행복한 돼지'라고 이름 지었다. 이 '행복한 돼지'는 배고픔의 모니터 요원으로 일하는 것에서 큰 기쁨을 느낀다. 그의 임무는 배고플 때를 감지하고 맛있는 것을 찾아 먹고 즐기는 것이다.

생존과 관련된 것으로서 다른 사람들에 대한 우리 시스템의 반응과 관련된 부분들이 있다. 예를 들면, 자녀양육에 관련된 '양육자 부분'이 그 예이다. 어린 아이의 소리에 양육적 태도로 응대하는 것은 매우 중요하다.

'행복한 돼지' 같은 우리의 부분들은 우리의 신체적 욕구를 돌보아 준다.

'모성 부분'이 필요할 때 거실로 나오지 못한다면 갓난아기의 성장은 물론 심지어 생존까지도 위협받게 된다. 우리가 처해 있는 상황을 가장 잘 관리하기 위해서는 필요한 우리의 부분들로 하여금 그 상황에 반응할 수 있도록 해야 한다. 이 때문에 인간, 특히 여성은 아기의 출산이 가져다 주는 자극조건(stimulus condition)에 강하게 반응하도록 화학적으로 프로그래밍이 되어 있다. 호르몬은 특정 부분을 강하게 활성화시킨다. 전문가로서의 정체성을 견지하고 있는 심리학자인 나의 친구는 자신이 임신하자 "아기를 낳고 몇 주 있다가 다시 직장으로 복귀하겠다."고 하였다. 그녀에게는 주부로 남아 있으라고 하는 가족이나 사회의 압력도 없었다. 그녀의 '전문가 부분'이 분명히 거실의 주인공이었다. 그러나 출산 후 발생한 생물학적인 프로세스가 완전히 상황을 바꾸어놓았다.

그녀는 완전히 아기와의 사랑에 빠져버렸고 다른 일은 하고 싶지 않게 되었다. 그녀의 '전문가 부분'은 거실에 자리 잡기 힘들었다. 그녀는 한동안 직장에 복귀하지 않았다.

다행스럽게도 출산 후 얼마 동안은 '모성 부분'이 거실에서 대부분의 공간을 차지하도록, 즉 아기는 엄마의 호르몬 분비를 촉진시켜 자신을 돌보는 것이 엄마 시스템의 우선순위가 되도록 만든다. 산후 우울증 같은 생리적 상태는 실제로 '양육자 부분'과 반대로 작동하는 예이다.

만약 우리가 오로지 전문가로서의 역할만 생각한다면, 우리 거실에는 '관리자 부분'만이 자리 잡고 있다고 할 수 있다.

또 다른 생존 부분은 우리의 '두려움 부분'이다. 이 부분은 우리에게 닥칠지도 모르는 신체적 혹은 사회적 위험이 있는지를 살핀다. '위험을 살피는 부분'이 충분치 않으면 어떤 일이 일어나는가? 한 가지 분명한 예로 내가 십대 소년이었던 1960년대에 친구들과 함께 뉴욕에 들렀을 때의 일을 들 수 있다. 아무것도 모르긴 했었지만 십대 소년들의 객기도 있어서 우리의 '두려움 부분'은 활성화되지 않았다. 그래서 우리는 새벽 1시에 센트럴 파크를 즐겁게 돌아다녔다. 그 당시 센트럴 파크에서는 강도와 살인이 횡행하고 있었기 때문에 이런 행동은 결코 안전한 것이 아니었다. 우리의 '두려움 부분'은 좀더 활성화되었어야 했다.

어머니가 이 사실을 아셨더라면 '염려하는 부분'이

아기들의 생존을 위해서는 무엇보다 부모의 '양육자 부분'이 활성화되는 것이 중요하다.

가동되어 '보호하고자 하는 부분'이 우리의 '두려움 부분'을 활성화시키려 노력하며 우리가 다시는 이 같은 어리석은 짓을 하지 못하도록 했을 것이다. 다행히도 많은 십대들은 어머니의 '염려하는 부분'이 걱정하는 탈선 가운데서도 아무 일 없이 살아남는다.

'무서워하는 부분' 혹은 '조심스러워하는 부분'이 필요한 상황인데 활성화되지 않았다면, 우리는 위험한 상황에 처하게 된다.

우리의 '두려움 부분'이 효과적으로 작동하고 있을 때는, 위험을 감지하고 싸울 것인가 도망갈 것인가의 두 가지 반응을 활성화시킨다. 이 반응은 시스템의 각성 수준(arousal level)을 높이는 강력한 생물학적 요인인 아드레날린 호르몬 분비로 인한 것이다. 이같이 활성화된 상태에서는 우리가 도망가거나 맞서 싸울 에너지를 갖는다. 만약 싸우려는 반응이 대세를 이루면 '분노 부분'이 즉시 거실을 장악한다.

싸울 것인가, 그 자리에 꼼짝 않고 있을 것인가, 혹은 도망갈 것인가는 우리가 무서울 때 활성화될 수 있는 세 부분들이다.

분노는 우리에게 자신을 보호하려는 에너지를 공급한다. 이 에너지가 원시사회에서는 투쟁 과정에 매우 쓸모가 있었지만, 오늘날 분노가 거실을 장악하면 우리는 종종 판단력을 잃고 자신과 다른 사람들에게 상처를 입히게 된다. 나중에 우리는 어떻게 분노가 최적의 보호 및 경계 설정에 기여하는 역할로 바뀌는지 보게 된다.

'다른 사람을 기쁘게 하고자 하는 부분'은 우리 환경과 올바른 관계를 맺는 데 중요하다.

우리가 적응할 수 있도록 돕는 부분

우리에게는 배고픔, 두려움, 분노처럼 신체적 생존과 관련이 있는 부분도 있지만, 또한 성장하면서 사회에서 성공할 수 있도록 돕는 기능을 가진 부분도 가지고 있다. 어릴 적에는 아기의 반응이 부모의 '돌봄 부분'들을 활성화시킨다. 처음에는 갓난 아기의 생존을 확보하기 위해 부모의 '양육자 부분'을 유도하는 것이 목표였지만, 이것이 아이의 마음에 내면화되면서 타인으로부터 '인정받고자 하는 부분'의 성품을 형성하게 된다.

한편 부모들은 자녀들이 혼자 화장실에 가며, 저녁 식사 시간을 지키고, 잘 시간에 자고, 놀 시간에 놀 수 있도록 아이의 '자율적인 부분'을 발달시키고자 애쓴다. 아이의 행동에 대한 부모의 반응으로부터 아이 가운데 내면의 부분들이 발달한다. 어떤 것은 손대도 괜찮고, 어떤 것은 손대면 안 되는지, 어떤 것은 말해도 되고, 어떤 것은 말하면 안 되는지, 무엇이 좋고 무엇이 나쁜지, 어떤 것이 자신을 착한 아이로 만들고, 어떤 것이 나쁜 아이로 만드는지를 아는 **관리자**가 그것이다.

여러 해 동안의 상호교류 경험을 통해 '교훈을 취하는 부분'이 자리를 잡으면서 내적 시스템에 '판단자', '비판자' 혹은 '도덕주의자'가 형성된다.

내면의 '비판자'는 우리 주위에 있는 세상으로부터의 기대를 내면화한다. 그리고 자기비판을 통하여 우리의 '상처받기 쉬운 아이'를 보호하려 한다.

이 부분들은 교류분석에서 에릭 번이 이야기하는 '비판적인 어버이' 자아상태와 유사하며 프로이트의 '초자아'와도 유사하다. '비판자'와 '판단자'는 우리가 다른 사람들로부터 인정을 받을 수 있도록 돕기 위해 발달하였다. 이러한 부분들은 외부세계로부터의 기대를 학습하고, 그 후에 외부로부터의 아무런 활성화 조건 없이도 그러한 메시지를 내부 시스템에 전달한다.

우리가 만약 다른 사람들이 비판하거나 거부하는 것을 그대로 받아들이게 되면 이 '상처받기 쉬운 아이'가 쉽게 당황하거나 부끄러워하기 때문에 이들을 '비판자'와 '판단자'가 보호하고 있는 것이다.

'비판자'와 '판단자'에 균형을 맞추기 위해 대부분의 시스템은 내면과 외부의 '비판자'와 '판단자'에 대항하여 싸우는 '반항자'를 가지고 있다. 이 '반항자'는 특히 사춘기 때 강하다. 이 부분의 기능은 무엇인가?

내면의 '비판자'와 '판단자'는 가족과 사회의 규범에 적응하도록 돕는 기능을 갖고 있지만 '반항자'는 자율성과 개인의 정체성

'반항자'는 우리의 자율성을 주장하고 개인의 정체성 발달을 돕는다.

을 발달시킬 수 있도록 부모와 사회의 기대에 저항하는 기능을 갖는다.

관리자

우리가 성장하면서 **관리자**라고 불리는 부분이 발달한다. 이 부분의 기능은 시스템의 역량과 필요를 평가하는 것이다. 외부 맥락의 조건과 요구사항을 정확하게 해석하고 내면 및 외부 조건을 가장 잘 충족시킬 수 있는 행동 계획을 세운다. **관**

리자의 좋은 예가 '다기능 수행자'이다.

이 부분은 수행해야 할 일들을 끝내도록 돕는다. 오늘날에는 각 개인이 충족시켜야 하는 역할이 많은데, 특히 대부분의 여성들은 내면 및 외부의 많은 요구사항들을 관리하기 위해 의식의 거실에 이 부분이 자리 잡고 있어야 한다.

'다기능 수행자'는 현대 생활의 모든 복잡한 과업들을 관리할 수 있도록 돕는다.

관리자는 여러 가지 형태를 취할 수 있다. 예를 들면 '목록 작성자'는 과업의 우선순위를 정하고 다른 관리자 부분에게 무슨 일을 끝내야 하는지를 상기시키면서 사람들을 조직화한다. 오른쪽 아래 그림의 여성은 '위임하는 자'라고 할 수 있다.

이 **관리자**는 우리 의식의 거실을 차지하기 위해 다양한 다른 부분들과 경쟁한다. 우리의 가족, 사회적 과업 그리고 개인적인 욕구는 각각의 시간과 공간을 요구한다. 오늘날의 사회 경제 시스템은 신속하게 많은 과업들을 수행해내도록 요구하고 있다. 사람들의 내면 시스템의 거실은 이러한 내면 및 외부 조건들의 수많은 요구사항들을 충족시키기 위해 '시간과 에너지를 능란하게 조정하는 부분'으로 가득 차 있다. 다음의 명령들은 다양한 **관리자**를 활성화시킬 수 있는 외부 요구사항들

'우선순위 관리자'는 해야 할 일의 목록을 만들기를 좋아하므로 하루의 시간을 조직화할 수 있다.

'위임하는 자'는 다른 사람들이 해야 할 일을 할 수 있도록 조직화한다.

이다.

이제 우리는 삶의 과업들을 다룰 수 있도록 다양한 부분들이 설계되어 있다는 사실을 알게 되었다. 우리의 정신적 소프트웨어는 정교하게 만들어져 있다. 자신이 처한 상황에 가장 적합하도록 스스로 소프트웨어를 써나가며 성장한다. 따라서 우리는 발달 과정에서 경험했던 핵심 사건들 가운데서 우리가 가지고 있는 중요한 부분들의 근원을 찾을 수 있고 그 부분들이 우리의 내면 시스템을 형성하는 것이다. 가족의 위기나 가족 가운데서 취하는 우리의 역할은, 사회적 맥락이 그러하듯이, 우리 부분들의 발달에 큰 영향을 끼친다.

부분을 그림으로 표현하도록 하면 사람들이 자신의 부분들을 머리 속에 그리면서 찾아낼 수 있게 된다. 내면 시스템을 탐색해온 치료사들은 내담자마다 자신의 부분들을 마음속에 그리거나 경험하는 방식이 다르다는 것을 알게 되었다. 이것은 소인격체 클리닉 작업이 창의적이며 재미있는 것임을 말해준다. 내담자와 치료사는 각자가 자신의 내면 시스템의 탐색로를 따라 가면서 자신의 부분들을 발견한다. 내가 학생들에게 내는 과제 중에 각자의 내면 시스템 지도 만들기가 있다. 이 장 마지막에 지도 작성법에 대한 개요가 실려 있다. 또한 사람들이 자신의 내면 세계를 나타내기 위해 취한 다양한 방식들도 보여준다.

내면 시스템의 부분 지도 작성 연습

1. 다음 쪽에 있는 부분 지도의 예를 보고 제1장 연습문제에 당신이 기록하였던 내용을 보자. 이러한 아이디어들을 사용하여 부분 지도를 그려보자.

2. 당신이 가장 잘할 수 있는 방식으로 이미지를 만들어보자. 잡지의 그림이나 http://images.google.com/에 실려 있는 이미지 자료를 이용하여 콜라주를 만들 수도 있다. 직접 이미지를 만들거나 색칠해도 되고, 단순히 다이어그램을 그린 다음에 부분들의 이름과 특징들을 기록할 수도 있다.

3. 이 장에서 설명한 부분들의 유형을 사용할 수도 있다. 당신이 찾아내는 부분들은 당신의 내면 시스템의 측면들이다. 어떤 사람들은 많은 부분들을 찾아내고 어떤 사람들은 단지 몇 개밖에 찾아내지 못할 수 있다.

4. 이러한 이미지들이 당신의 내면 세계를 가장 잘 표현하도록 배열해보자. 이때 부분들이 서로 잘 어울리면 가깝게 놓고, 갈등 상태에 있다면 어떤 식으로든 표현되도록 한다. 그들이 당신의 시스템 안에 차지하는 공간의 양을 반영하도록 이미지의 크기와 배열을 달리 할 수도 있다. 당신이 가장 편하다고 느끼는 형태를 자유롭게 사용하라.

씨앗에 대한 명상~ 오른쪽에 싹트고 있는 씨앗은 물이 필요하다. 왼쪽에 있는 잎사귀는 씨앗이었지만, 지금은 잎이 되었다. 그들은 건강하지 않고 필요하지도 않다. 그리고 지금은 거름으로 만들어지고 있다. 싹트고 있는 씨앗과 거름으로 만들어지고 있는 잎은 모두 참자아를 나타내는 왼쪽에 있는 나무로부터 나온 것이다. 가운데 있는 태양과 씨앗과 잎을 둘러싸고 있는 푸른 물은 마음챙김을 상징한다. 마음챙김은 오른쪽에 있는 씨앗을 키우는 데 필요한 동시에, 거름을 만들 필요가 있는 씨앗이나 잎을 파악하는 데도 중요한 역할을 한다. 마치 태양과 비가 거름을 만드는 과정에서 중요하듯이.

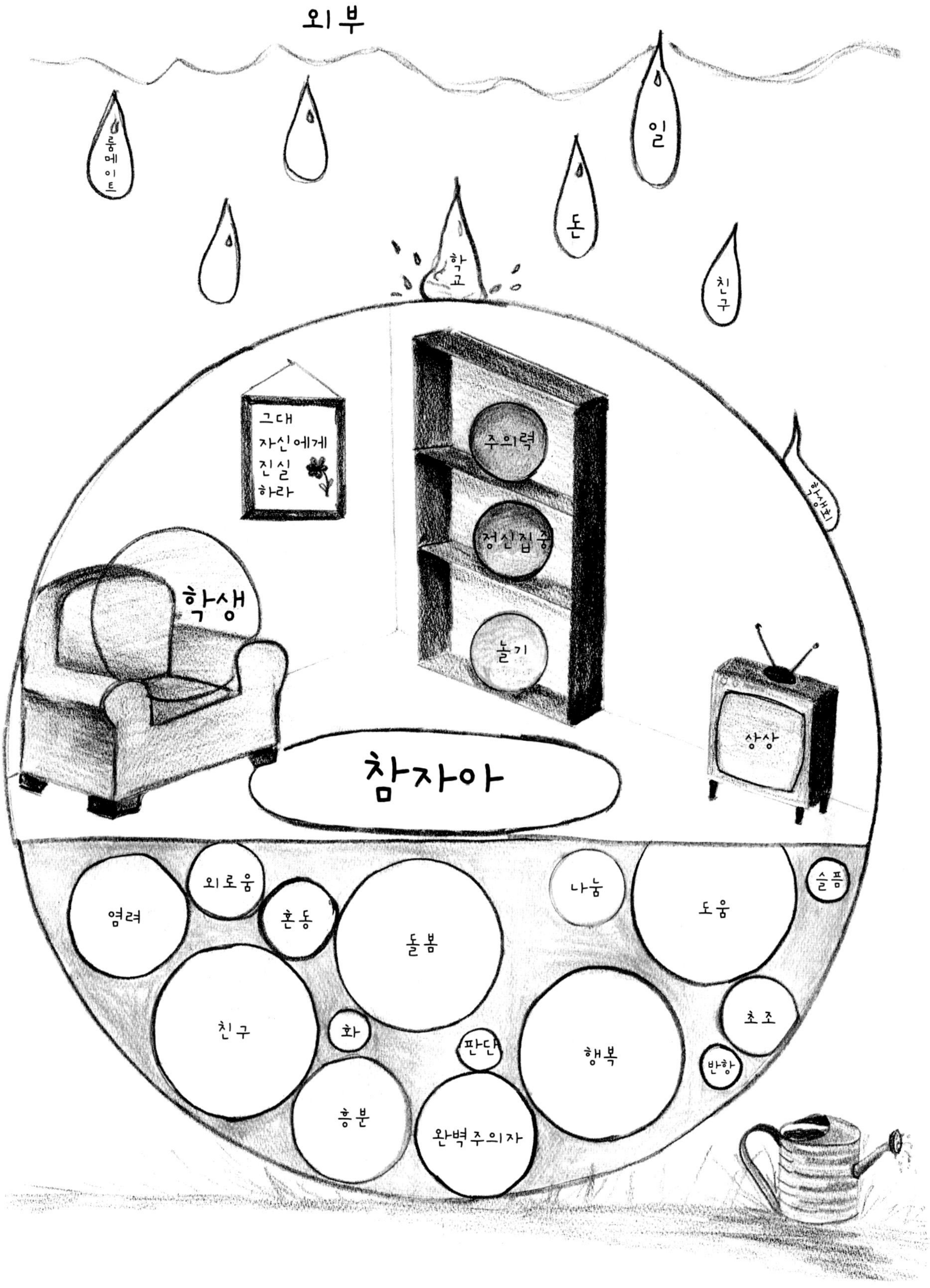
외부
룸메이트
일
돈
학교
친구
학생회
그대
자신에게
진실
하라
주의력
정신집중
놀기
학생
상상
참자아
염려
외로움
혼동
돌봄
나눔
도움
슬픔
친구
화
판단
행복
초조
반항
흥분
완벽주의자

시험준비
충분히 했어?

제4장

부분들은 어떻게 상호작용하는가

"내 안의 또 다른 부분이 이렇게 말하네요."

우리는 종종 우리 마음의 거실 안에 여러 부분들이 관심을 끌기 위해 경쟁하고 있는 것을 감지할 수 있다. 소인격체 클리닉을 하면서 우리는 문제해결에 시간이 많이 걸리는 것은 양극화된 부분들이 그룹으로 있거나 혹은 다른 부분들과 제휴하고 있기 때문이라는 것을 발견하였다. 시스템 안에서의 이러한 역동을 파악하고 작업하는 것은 시스템이 균형을 이루도록 하는 데 중요하다. 우리 삶에서 나타날 수 있는 갈등과 제휴에 관한 흥미로운 예를 들어본다.

'행복한 돼지'는 배고픔의 돌보미로서 일하는 것에 큰 기쁨을 느낀다. 그의 임무는 음식을 찾아내고 먹는 것을 즐기는 것이다. 그 부분이 우리 의식 안에 존재하는 첫 번째 이유가 우리로 하여금 공복으로 인한 속쓰림을 자각하게 만드는 것이다. 그 부분이 매우 경각심 높은 '행복한 돼지'라면 공복으로 인한 속쓰림이 생기기도 전에 우리가 좋아하는 어떤 음식의 이미지를 우리에게 보낼 수도 있다. "기다릴 필요가 있나?"는 '행복한 돼지'가 갖는 삶의 신조이다. '행복한 돼지'는 예고도 없이 우리 마음을 장악할 수도 있다. 그 부분은 우리로 하여금 입맛을 다시며 책상서랍을 살며시 열고 그곳에 넣어두었던 초콜릿 과자나 케이크를 먹도록 만든다.

'즐거움을 좇는 부분'은 즐거움을 얻기 위해 교활한 전략을 사용한다.

'행복한 돼지'의 입장에서 이러한 교활한 전략은 내면의 '음식 비판자'와 '헬스 트레이너', '체형 관리자', 혹은 '판단자'와 같은 반대 입장의 깃발 아래 제휴한 부분들을 건드려 깨우지 않는다는 이점이 있다.

이들은 '행복한 돼지'가 '섭식 고문단'이라고 이름 붙인 부분들의 집합체다. '행복한 돼지'는 '섭식 고문단'이 잠이나 자는 것이 낫다고 생각한다. '행복한 돼지'의 관점은 이렇다. "이봐, 네가 결국 초콜릿 과자를 먹을 거라는 걸 알고 있었어. 네가 직장에 가져왔을 때 이미 결정 난 거야. 그런데 굳이 이런 내숭을 떠는 이유가 뭐지?"

많은 사람에게는 '건강과 체력을 유지하려는 부분'들이 제휴하고 있다.

'행복한 돼지'의 이러한 의견에도 불구하고 '섭식 고문단'은 '자기계발 관리자'에게 정식으로 항의한다. 이 사람은 최근에 건강한 삶의 양식을 가르쳐주는 전인 건강 관리 교육을 수강하고 있는 중이어서 이 부분이 전경에 나와 있기 때문이다. '섭식 고문단'은 자신들의 눈을 피해 매일 오후 초콜릿 과자를 몰래 꺼내 먹는 것을 지금까지 봐왔기에 그러한 습관에 적극적으로 반대한다.

'섭식 고문단'은 우리가 거울을 들여다보거나, 저울에 올라서거나, 신문에서 건강한 식습관에 대한 기사를 대할 때 우리의 주의를 그쪽으로 유도한다. 그리고는 무식하고 게을러서 초콜릿 과자를 먹고 있다는 죄책감과 후회를 우리에게 불어넣는다. '행복한 돼지'를 달래기 위하여 우리의 '자기계발 관리자'는 초콜릿 과자 봉지 위에 "다시 한번 생각해봐!"라고 쓴 메모를 붙여놓든지 하라고 제안한다. 이렇게 우리는 '염려하는 부분'으로부터 의견을 듣게 되면서 초콜릿 과자를 먹는 것을 지연시킬 수 있다. 이렇게 대략 20분가량 지연된 후 '섭식 고문단'이 등을 돌릴 즈음, 기다렸다는듯이 '행복한 돼지'가 다시 등장하면서 그 사람은 메모를 무시하고 초콜릿 과자를 먹게 된다.

'섭식 고문단'은 이러한 일탈행동을 기록해놓고 이 자동적 패턴을 중단시킬 수 있는 좀더 효과적인 계획을 찾는다. 그 사람은 행동관리 상담자에게로 가서 의견을 구하자 그녀가 제안하는 몇 가지 방법들을 '섭식 고문단'이 기쁘게 받아들인다. '섭식 고문단'은 초기 단계에서, 즉 이상적으로는 가게에서 초콜릿 과자를 사려는 시점 혹은 적어도 출근하면서 가방에 넣으려고 하는 시점에 사이클을 중단시키는 것이 좀더 효과적일 것 같다고 마음을 굳힌다. 이 계획은 직장에서 초콜릿 과자를 먹지 못하도록 확실하게 '보장'해줄 수 있다.

그러나 '행복한 돼지'는 아주 끈질기고 창의적이라는 사실을 염두에 두어야 한다. 서랍에 초콜릿 과자가 없을 경우, 종종 아침 회의 때 남긴 도너츠를 모아놓은 복도 끝 회의실로 어슬렁거리며 향한다. 당신의 '직장 관리자'가 의식의 거실을 차지하고 동료와 중요한 문제를 의논하고 있는 동안(즉 '섭식 고문단'이 거실로 들어오지 못하게 하면서), '행복한 돼지'는 조용히 달콤한 도너츠 두 개를 삼킨다. 어떤 다른 부분도 인식하지 못한다! 업무논의가 진지하게 이루어지고 있다면 이 위반사항은 '섭식 고문단'에게 전혀 보고되지 않는다. 따라서 '행복한 돼지'에게 화를 내면서 이를 악물고 고소하는 일은 일어나지 않게 된다.

성격에 대한 내면 시스템적 시각은 왜 행동관리의 노력들이 효과가 없는지, 그리고 왜 행동패턴이 쉽게 바뀌지 않는지를 설명해준다. '행복한 돼지'와 '섭식 고문단' 사이의 양극화 현상이 전혀 다루어지지 않았고 그들 사이에 진실된 협상이 전혀 이루어지지 않았기 때문에 상황이 바뀌지 않고 있는 것이다. 이 사이클을 깨기 위해서는, '행복한 돼지'가 초콜릿 과자를 먹지 못하도록 막기보다는 '행복한 돼지'를 해법의 일부로 만들어야 한다. 이를 위하여 **참자아**로 옮겨갈 필요가 있다. 그리고 영양에 대하여 진실된 대화를 나누도록 해야 한다. '행복한 돼지'에게는 맛있고 영양가 있는 스낵을 먹는 계획을 세우도록 만들고, '섭식 고문단'에게는 영양과 운동에 대한 의견을 제시하도록 만든다. 제5장에서 이러한 유형의 대화 프로세스를 설명한다.

부분들의 제휴

'섭식 고문단'에서 보았던 것과 같은 부분들 간의 연대는 내면 시스템에서 흔히 볼 수 있다. 이 같은 연대 혹은 제휴는 시스템을 위한 관점과 목표를 공유한 부분들의 집단이며 함께 활성화되는 경향을 보인다. 그리고 우리 의식의 거실을 장악하면서, 압도적인 위치를 차지한다. 이 같은 제휴를 찾아내고 작업하는 것은 나 자신에 대한 내면작업의 중요한 일부였다.

치료사로 활동하던 초기, 나 자신의 부분에 대한 치료를 시작하던 시절, 내가 종종 탈진의 위기감을 느꼈던 사실에 주목하였다. 내가 나의 부분들과의 작업을 시작하면서, 나의 시스템 안에는 탈진으로 이끄는 부분들이 매우 강력하게 제휴하고 있다는 것을 알게 되었다. 선하고 도움이 될만한 일을 하고 싶어하는 '작은 소년'과, 책임감은 있으나 부담으로 느끼는 또 다른 '작은 소년'이 제휴하고 있었다. 또한 많은 재능을 가지고 있으며 잘 발달된 '도우미'와 '무쇠'란 별명이 붙은 부분도 있었다.

부분들이 지나치게 활발히 협력하고 제휴함으로써 의식의 거실을 장악하게 되면 탈진을 초래할 수 있다.

'무쇠'는 아픔을 전혀 몰랐고 결코 지치지도 않았다. 그 부분은 57kg의 몸무게로 전국 고교 미식축구 디펜시브 백을 맡게 했고, 마라톤 경기에도 참여하게 했다. 또한 내가 완전히 녹초가 되었어도 그것을 알지 못한 채 나를 치료사, 활동가이자 가족구성원이 되도록 밀어부친 부분이었다.

나의 시스템 회복을 위한 소인격체 클리닉은 이 제휴를 분별하여 분리해내고 무엇 때문에 그 부분이 나를 그렇게 몰아부쳤는지를 알아내는 것에 초점을 맞추었다. '무쇠'를 분리해낸 다음, **참자아** 상태에서 대화하는 과정은 꽤 순조로이 진행되었다. 그는 내가 종신 교수직을 가질 수 있도록 도와 이제는 라켓볼을 많이 할 수 있게 되었다는 것에 행복해하였다(비록 라켓볼을 더 이상 즐기지는 않지만). '치료사/도우미'도 분리해내기가 꽤 쉬웠고 수년 간의 훈련과 슈퍼비전을 받은 후에는 그 부분이 할 수 있는 데에 한계가 있다는 것도 이해하게 되었다.

때로는 '작은 소년'이 자신에게는 너무 무거운 짐을 오랫동안 짊어지고 있다.

결국 '짐을 진 작은 소년'이 핵심적인 역할을 하고 있는 것으로 밝혀졌다. 그는 다른 사람들의 문제와 욕구를 짊어지고 있었다. 마치 그것들이 짊어져야 할 자신의 몫으로 생각하며 무겁게 짓눌려 있었다. 큰 짐을 짊어지고 있는 나의 이 극단적인 모습은 내가 11세 때 겪은 내 여동생의 죽음에 대한 '작은 소년'의 대처방식이었고 어린 나이에 가족을 부양하는 나름대로의 방식이었다.

치료 과정은 그가 짐을 내려놓도록 도와주었으나 그에 앞서 나는 그가 여전히 짊어지고 있던, 여동생을 잃어버린 깊은 슬픔을 함께 경험해야 했고 여동생의 병과 죽음에 대처하려는 몸부림 가운데 발달했던 책임감과 죄책감도 분별해내어야 했다.

이 사례는 내면 시스템이 어떻게 작동하는지를 잘 보여주고 있다. 부분들 간의 제휴는 경직되고 극단적인 모습을 발달시켰다. 이 '작은 소년'이 극도로 힘든 경험에 대처할 수 있도록 하기 위해서는 먼저 '무쇠'를 한 발자국 뒤로 물러나도록 분리시킨 다음 **참자아**와의 만남이 이루어지도록 해야 한다. 그리고 나서 경직된 제휴의 근본원인을 치유하여야 한다. 일단 지나친 책임감을 짊어지고 있는 '작은 소녀'이 짐을 내려놓자 다른 부분들이 그 시스템에서 균형 잡힌 역할을 취할 수 있게 되었다. 나는 도와주려고 지나치게 애쓰지 않으면서도 도와줄 수 있었고 '무쇠'는 결단력이 필요할 때 추진할 수 있는 결단력을 행사할 수 있었다. 나의 '작은 소녀'은 좀더 균형 잡힌 삶을 갖기 위해 필요한 다양한 감정들을 표출할 수 있게 되었다.

모든 제휴가 나의 경우처럼 문제가 되는 것은 아니다. 많은 부분들은 그들이 내면 시스템에서 역할과 가치를 공유하고 있기 때문에 뭉치게 된다. 그들이 외상을 다루고자 할 때 도와주려고 하지만 경직된 형태로 꼼짝 못하게 되면서 문제가 된다.

우리가 다른 사람과 마주쳤을 때 어떻게 반응하는가는 의식의 거실에 어떤 부분이 있는가에 달려 있다.

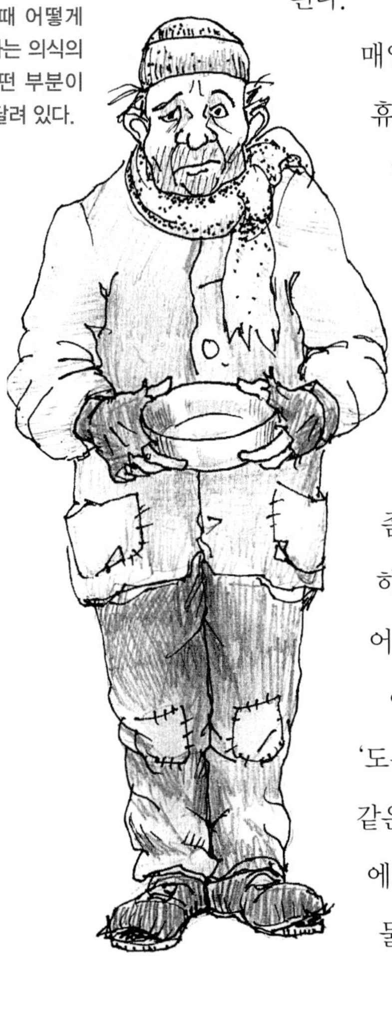

매일 일어나는 사건들에 대한 반응을 살펴봄으로써 내면의 제휴가 동일한 상황에서 어떻게 다르게 반응하는지를 볼 수 있다. 예를 들면 길거리에서 동냥을 하는 거지를 볼 때 의식의 거실로 뛰어들 준비가 되어 있는 부분들이 어떻게 제휴하는가에 따라 당신은 매우 다른 반응을 보일 수 있다. 당신이 교회나 절 혹은 정치적 계몽 행사에서 가난한 자를 돌보자는 이야기를 들은 후 돌아오는 길이라고 상상해 보자. 이 상황은 당신의 특정한 부분들이 거실의 표층에 좀더 가까이 있도록 만든다. 거지를 위해 무언가 '행동하도록 하는 부분'들이 모두 제휴를 함으로써 '돕는 부분'이 활성화되어 자연스럽게 의식의 거실로 들어간다.

여기서 우리는 기뻐하는 착한 '작은 소녀'는 물론, 잘 준비된 '도우미', 그리고 '양육자'도 있다는 사실에 주목해야 한다. 이 같은 '강하게 힘을 모아 돕기' 제휴로 말미암아 그 사람은 거지에게 무언가를 주기만 하는 것이 아니라 그가 잘 곳이 있는지 물어보고 사회복지기관과 일자리 프로그램에 연결시켜주는 일에 서너 시간을 투자할 수도 있다.

이와는 반대로, 금요일 오후 당신이 일주일 간 계속된 고된 업무로 인해 지친 몸을 이끌고 사회 운동 행사장으로부터 돌아온다고 상상해보자. 이제 거지를 보면 앞의 경우와는 전혀 다른 인물들이 거실로 들어온다. 이 같은 상황에서 당신이 거지를 보면 즉각적으로 '보스 관리자'가 활성화되며 소리를 지른다. "일을 해라. 일을. 이 게으름뱅이야!"

이 '보스'와 제휴하고 있는 강직한 '도덕주의자'도 거지가 이 같은 상황에 처할 수밖에 없는 어떤 이유가 있다고 확신한다. '판단자'도 여기에 지나치게 동의하며 '비판자' 역시 거들만한 이야기를 많이 가지고 있다.

'돌보미'와 '양육자'는 길거리에서 마주친 노숙자를 돕고 싶어한다.

우리가 **참자아** 상태로 들어갈 때 어떤 일이 일어나는지 보자. 두 팀이 거실에 있고 **참자아**는 서로 논쟁하고 있는 그들을 보고 있다.

참자아 상태에서는 서로 다른 관점을 가지고 있는 두 제휴가 동시에 존재할 수 있다. 중립적 관점에서 우리는 양측의 주장을 듣는다. 이제 우리는 자동반응이 아니라, 우리의 반응을 선택하기 위한 내면의 대화 시간을 갖는다. 만약 우리가 **참자아** 상태에서 중심을 잡고 있다면 우리는 우리 안에 가지고 있는 다양한 관점에 귀를 기울이고 해법을 찾을 수 있다.

아마 타협의 제스처로 '비판자'는 그 사람에게 적선을 하려고 할 것이다. "당신이 이 사람을 도와주려고 오전 내내 애쓰더라도, 분명히 그는 원하지 않을 거야." 만약 당신이 돈을 주면서 미소지으며 정중하게 이런 말을 건넬 수 있다면, '도우미'는 이 타협의 제스처로도 만족할 수 있다. 이 모든 것이 순간적으로 일어나면서, '행복한 돼지'는 식당에 가서 무엇을 주문할까를 생각하며 가던 길을 재촉하게 된다.

우리는 의식의 거실에 '비판자'와 '판단자'를 가지고, 그 사람 자신이 그 상태로 만들었다고 비난할 수도 있다.

이 사례들은 부분들이 가진 내적 제휴의 본성이 무엇이며, 또한 선행 조건들이 어떤 부분들을 우리 의식의 거실로 데리고 왔는지에 따라 동일한 상황에서 전혀 다르게 반응할 수 있음을 보여주고 있다. 서로 다른 부분들은 우리 시스템 안의 서로 다른 욕구에 부응하면서 서로 다른 역할을 취하기 때문에 상충하는 욕구와 두려움이 부딪힐 때 갈등이 일어나는 것은 당연하다. **참자아**에 대한 자각을 치유 프로세스에 가져옴으로써 우리는 이 갈등들을 해결할 수 있게 된다. 왜냐하면 **참자아** 상태에 있다는 것은 우리 안에 있는 모든 부분들의 의견을 들을 수 있도록 해주기 때문이다.

만약 우리가 '참자아' 상태에서 중심을 잡고 있을 수 있다면 우리는 모든 부분들의 관점과 주장을 들어줄 수 있다.

내면 제휴

당신의 부분 지도를 보면서, 내면 시스템 안에서 제휴를 형성할 가능성이 있는 부분들에 대해 생각해보자.

- 이에 대한 당신의 생각들을 적는다.
- 당신이 자각하고 있는 제휴들을 표현하는 방식으로 당신의 지도를 다시 그려볼 수도 있다.
- 이 같은 제휴가 어떤 경우에 당신을 어떻게 돕는지 혹은 또 어떤 상황에서는 어떻게 어려움을 초래하는지 생각해본다.

제5장

부분들 간에 균형 이루기

"이 부분이 의도는 좋은데, 지나치게 열심히 일하고 있네요."

부분들이 너무 힘들게 일할 때

우리의 모든 부분들이 우리를 위해 긍정적으로 작동한다고 하였는데, 그중 어떤 부분들이 많은 문제를 일으키는 이유는 무엇인가? 문제를 일으키는 부분들은 보통 우리의 시스템이 스트레스를 받고 있는 상황에서 등장하므로 지나치게 활성화되기 때문이다. 즉, 그들이 우리 거실에서 공간을 너무 많이 차지하고 있거나, 등장할 때가 아닌데도 너무 자주 등장하는 것이다. 소인격체 클리닉은 내담자를 **참자아**로 인도하고 내담자로 하여금 부분들과의 대화를 통하여 그들의 이야기를 듣고 그들이 지금처럼 행동하는 이유가 무엇인지 찾아내도록 만드는 프로세스다. 일단 내담자가 부분들이 가지고 있는 긍정적인 의도를 이해하게 되면, 내담자와 치료사의 할 일은 다음과 같다. 부분들이 지금 하고 있는 행동이 실제로 도움을 주는 것이 아니라는 사실을 깨닫게 하고, 시스템이 균형을 회복할 수 있도록 돕는 것이다.

홍미롭게도 부분들은 자기만의 마음을 가지고 있는 것처럼 보인다. 내담자의 시스템을 돕는 방법에 대해 그들이 가지고 있는 관점이 때로는 상당히 제한적이다. 보통 내담자가 어릴 적에 혹은 힘든 상황하에서 가지고 있던 신념을 그대로 유지하고 있기 때문이다. 이러한 신념의 근원을 찾아내는 것이 시스템의 균형을 되찾도록 돕는 중요한 작업이 된다.

우리의 부분들을 알아가기

내 경험에 의하면, 각 부분마다 네 가지의 차원이 있다. 감각적, 정서적, 언어적, 이미지적인 것이 그것이다. 부분이 가지고 있는 이 각각의 측면은 부분들을 이해하고 작업하는 진입로가 된다. 부분이 몸을 통해 표출하는 방식이 감각적 차원이다. 목이 뻣뻣해지거나, 배가 아프거나, 어깨를 짓누르는 느낌 같은 것들이다. 활성화되는 상황에서 우리의 몸이 어떻게 느끼고 반응하는가를 자각함으로써 우리의 어떤 부분이 반응하고 있는가를 알게 해준다.

정서적인 차원은 두려움, 화, 기쁨, 슬픔, 욕망 등과 같은 정서의 수준을 가리킨다. 경청의 기술을 가지고 있는 치료사는 내담자의 감정을 반영하고 명료화시킨다. 이 프로세스만으로도 사람들에게 많은 위안을 가져다줄 수 있다. 소인격체 클리닉의 관점에서 보면 이 프로세스가 우리 부분들의 이야기를 들어주고 그들을 이해해주고 있다고 느끼게 해주기 때문이다. 동시에 우리의 감정을 명료화시키고 자각함으로써 우리는 **참자아** 상태로 좀더 용이하게 진입할 수 있게 해준다. 예를 들면, 상처를 받거나 분노에 휩싸여, **참자아**가 없는 상태에서 그 부분들이 의식의 거실을 온통 장악하는 것은, 상처나 화난 감정을 자각하는 것과는 매우 다르다. 후자의 경우에는 **참자아**가 존재한다.

언어적 차원은 인지적 차원이라고도 불린다. 부분의 이러한 차원을 알아보고자 한다면, 내담자와 치료사는 부분이 이야기하는 것이 무엇이며 그 부분이 활성화되었을 때 이야기하고자 하는 것이 무엇인지를 탐색하면 된다. 예를 들면, 길거리에서 아는 사람이 자신을 못 본체하고 지나치면 상처를 받게 된다. '상처받은 부분'은 그 사람이 자신을 좋아하지 않는다고 이야기할 수도 있다. 한층 더 상처받기 쉬운 날에는 다음과 같이 이야기할 수도 있다. "나에게 무언가 정말로 잘못된 것이 있는 게 틀림없어." '상처받기 쉬운 부분'은 쉽게 이 같은 사고 패턴에 갇히게 된다.

반면에 **참자아** 상태에 있다면 이 정도로 이야기할 수 있다. "흠, 저 사람이 오늘 매우 정신이 없군. 심지어 내가 여기 있는 것도 깨닫지 못하네." 부분이 가지고 있는 이 같은 언어적 차원은 인지행동치료사들이 탐색하기를 좋아하는 영역이다. 우리 자신이 부정적 감정반응을 갖도록 상황을 해석하는 경우, 인지행동치료사들은 우리 안에 떠오르는 자동적 비합리적 사고가 있는지를 찾는다. 인지행동치료사는 합리적 사고로 그것에 도전한다. 자동적 사고와 신념은 소인격체 클리닉의 한 차원이 될 수도 있다. 그러나 소인격체 클리닉에서는 **참자아**의 관점에서 내면 시스템 안의 한 부분이 가지고 있는 왜곡된 신념을 이해하는 데 목적을 두고 있다. 어떤 부분의 인지수준은 시스템 구조에서 그 부분이 가진 여러 차원 중의 하나에 불과할 수도 있다. 그럼에도 불구하고 부분들이 짊어지고 있는 비합리적 신념을 내려놓도록 하는 것은 매우 도움이 된다.

이미지 역시 소인격체 클리닉의 중요한 한 차원이 된다. 치료사와 내담자가 부분을 암시하는 사고, 감정, 감각을 명료화하면 많은 내담자들은 그 부분을 대표할 수 있는 그림을 마음에 떠올린다. 일단 이미지가 떠오르면 치료사는 부분을 대표하는 이 내적 대변인과 대화를 이끌어간다. 이것은 역동적이고 흥미로운 프로세스이지만 실제로 그것을 경험해보지 않았으면 이해하기 힘들다. 치료사가 프로세스를 구조화하는 과정에서 부분들은 종종 내면의 음성을 들려주거나 우리에게 그림을 보여주는 반응을 보인다. 이 책에서 그림으로 설명하는 이유 중의 하나가 내면 작업을 경험할 기회가 없는 사람들에게 부분들이 가진 이미지 차원을 예로 보여주기 위해서이다.

우리의 부분들을 알아감에 있어 우리는 이 네 가지 차원 중의 어느 하나를 진입로로 사용할 수 있다. 많은 치료 모델들이 주로 한 차원에 초점을 맞추고 있다. 우리가 작업하고 있는 부분들과 관련 있으면서 가장 쉽게 접근할 수 있는 차원으로부터 소인격체 클리닉을 시작할 수는 있지만, 다른 차원들도 함께 고려함으로써 그 부분을 좀더 깊이 이해할 수 있게 된다. 우리는 내담자가 이미지를 사용할 수 있을 때 내면 작업이 빠르게 진행된다는 것을 경험으로 터득하였다.

부분들을 탐색하기

이러한 내면 프로세스를 설명하기 위하여 사람들에게 어려움을 가져다주는 가장 흔한 감정인 분노를 탐색해보기로 한다. 사람들은 분노가 너무 빨리 폭발하여 자녀나 배우자와의 관계에 어려움을 겪거나, 작은 자극에도 쉽게 흥분하거나 화를 내기 때문에 치료를 받으러 온다.

분노는 보통 강한 감정이기 때문에 이미 명확한 정서적인 차원을 가지고 있다. 치료사는 내담자가 화가 나 있을 때 몸이 어떻게 느끼는가 하는 질문으로 감각적 차원을 탐색할 수 있다. "이를 악물거나 주먹을 불끈 쥐거나 심장 박동이 솟구치거나 하지는 않습니까?" 그러고는 이어서 다음과 같이 질문할 수 있다. "이 '이를 악문 부분'이 무슨 이야기를 하고 싶어합니까? 혹은 어떤 행동을 하고 싶어합니까?" 그러고 나서 치료사는 "그 부분이 형태를 가졌다면 어떻게 생겼습니까?"라고 물어본다. 때로는 이것이 인간의 모습을 가지기도 하고, 때로는 구름 같은 형태이기도 하고, 분노의 경우에는 불덩이나 빨간 공의 모습을 취할 수도 있다. 왼쪽에 극단적인 형태를 가진 분노의 그림이 있다.

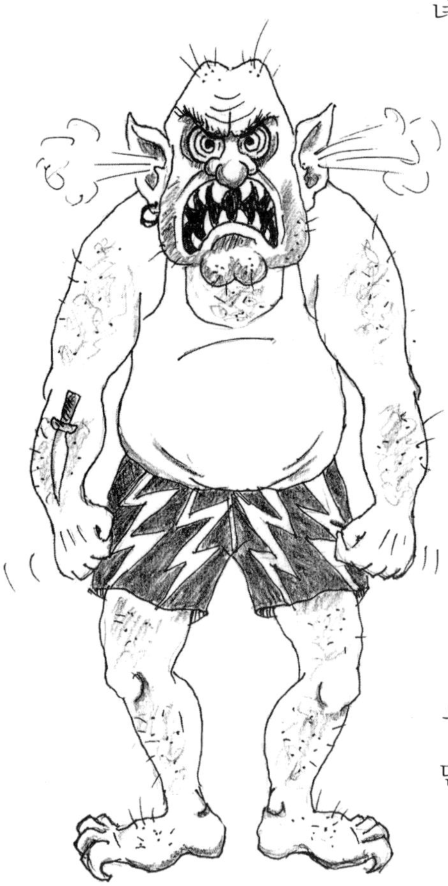

분노는 위협을 느낄 때 활성화되는 극단적인 모습의 '보호자'이다.

부분이 어떤 모습을 취한 다음에는 치료사가 내담자에게 그 부분을 더 잘 알아갈 수 있도록 그 부분과 좀 거리를 두고 떨어져서 머릿속에 그 모습을 그려보라고 요청한다. 어떤 내담자는 이 같은 '분노의 모습을 띤 부분'을 머리 속에 그렸다. 그 내담자의 반응은 이랬다. "도와주시오! 나를 그 사람으로부터 떼어놓아 주시오!" 이것은 '무서워하는 부분'이 반응하는 것으로 볼 수 있다. 내면 작업을 통해 우리는 내담자가 자신의 '무서워하는 부분'을 자각하도록 한 다음 그 부분이 어떤 모습으로 보이는지 물어본다. 종종 이런 유형의 반응을 보이는 것은 '놀란 아이 부분'이지만 그 사람의 시스템 안에서 어떤 일이 일어나든 우리는 그에 대해 개방적인 태도를 가져야 한다. 또한, 이 부분의 실체를 이해하는 데 있어, 우리의 생각이나 연관성을 덧입히거나 일방적인 추정을 하지 않도록 주의해야 한다.

그 다음 단계는 내담자로 하여금 '무서워하는 아이 부분'과 함께 있기는 하지만 안전한 장소를 찾아 서로 거리를 두고 떨어져 있는 모습을 머릿속에 그리도록 하는 것이다. 이 시점에서 내담자가 그 아이를 향하여 어떤 감정을 느꼈는지 물어본다. 만약 반응이 공감이나 호기심 같은 **참자아**적인 것이라면 치료사는 그 사람이 **참자아** 상태에 있다는 것을 알 수 있다. 그러면 **참자아**가 프로세스를 이끌며 부분들을 더 잘 알아가는 작업을 진행해나간다.

대부분의 경우, 반응적인 부분들이 떨어져나와 거리를 두면 원래 가지고 있던 그 부분의 이미지가 바뀌게 된다. '화난 부분'으로 다시 초점을 옮기면 내담자는 처음보다 격렬하지 않다는 점을 발견하고 놀란다. 처음에는 **참자아**의 눈이 아니라 '무서워하는 부분'의 눈으로 본 것이기 때문이다. 각 부분은 자신만의 관점에서 내면과 외부세계를 바라본다.

'참자아'의 도움으로 부분이 균형 있는 모습을 취할 때 보다 더 효과적인 보호가 이루어진다.

분노의 경우, 이러한 모습으로 바뀔 수 있지만 전혀 다른 모습으로 완전히 변화될 수도 있다. 이 클리닉이 가진 놀라운 점 중 하나는 각 사람의 부분들이 독특한 방식으로 나타난다는 사실이다. 따라서 그 부분은 어떤 모습이어야 한다거나 그 부분이 다른 사람에게는 어떤 의미인지에 대한 선입견을 갖지 않는 것이 중요하다.

이 모델로 치료사를 훈련할 때 가장 힘든 것은 내담자의 부분들이 가지고 있는 의미를 치료사가 자의적으로 해석하지 못하도록 하는 것이다. 그것은 내담자 본인이 해야 할 일이다. 치료사의 임무는 그 사람이 **참자아** 상태로 들어가도록 돕고 **참자아**가 그 부분들을 이해할 수 있도록 지원하는 것이다.

치료사가 해야 할 일은 그 사람으로 하여금 **보호자**와 대화를 시작하도록 돕는 것이다. **보호자**에게 다음과 같은 질문을 할 수 있다. "그 부분이 지금 왜 그런 일을 하고 있는가?", "그의 임무는 무엇인가?", "그 부분이 털어놓고 싶어하는 자신만의 이야기가 있는가?" 그 **보호자**가 지금 하고 있는 일을 중단하면 어떤 일이 일어날까봐 두려워하는지 물어보는 것은 매우 중요하다. 분노의 경우, 자신이 감정을 폭발시키지 않는다면 그 사람이 이용당할 것이라고 확신하고 있다. 보통 '화내는 부분'은 그 사람이 상처받기 쉽고, 분노가 자기방어의 한 형태라고 여길 때 발달하게 된다. 상황은 바뀌어 예전과 다른데도, 종종 우리의 부분들이 어렸을 때 배웠던 방법대로 계속 반응하는 것이 문제이다.

소인격체 클리닉을 통해 '화내는 부분'의 극단적인 입장을 내려놓도록 도운 후, 이제 내담자가 **참자아** 상태를 유지하는 가운데, '화내는 부분'이 보호하고, 경계선을 그으며, 폭발보다는 안전을 유지하는 등, 그 부분 본연의 임무를 좀더 효과적으로 수행할 수 있도록 도와준다.

부분들을 돕기 위해 부분들을 부르기

때때로 화가 나서 상황이 지나치게 활성화되고 있는 경우, 우리가 **참자아** 상태로 충분히 들어가지 못할 수 있다. 이 상황에서는 강하면서 균형 있는 **관리자**가 우리 자신의 분노를 표출하지 못하도록 만든다. 우리 안에서 분노가 끓어오르는 것을 느끼지만, 나중에 후회하고 상황을 악화시킬 수 있는 일들이 일어나지 못하도록 우리 자신을 억제한다. 이것은 내담자가 **관리자**를 사용하여 효과적으로 분노를 억제하는 예이다.

우리가 '참자아' 상태로 들어갈 수 없을지라도 나중에 후회하지 않도록 때때로 '관리자'가 분노를 억누르기도 한다.

'보호자'가 어떤 모습을 취하는가는 사람마다 다르다.

보호자

어린 아이일 때는 모두 상처받기 쉽다. 따라서 방어 전략으로서 **보호자**가 발달하게 된다. 앞서 언급한 '분노 부분'은 종종 **보호자**이지만 그들이 취하는 형태는 다양하다.

이 **보호자**들은 거의 항상 '무서워하는 어린 아이 부분'을 보호하고 있다.

당신이 어떤 방식으로든 **보호자**를 공격하든지 축소시키든지 하여 **보호자**를 거실 밖으로 내보낼 수 없는 이유는 이 때문이다. 당신은 보호자로 하여금 '상처받기 쉬운 부분'을 보호하려는 결심을 강화시킬 뿐이다. **보호자**를 한걸음 물러나게 하는 방법은,

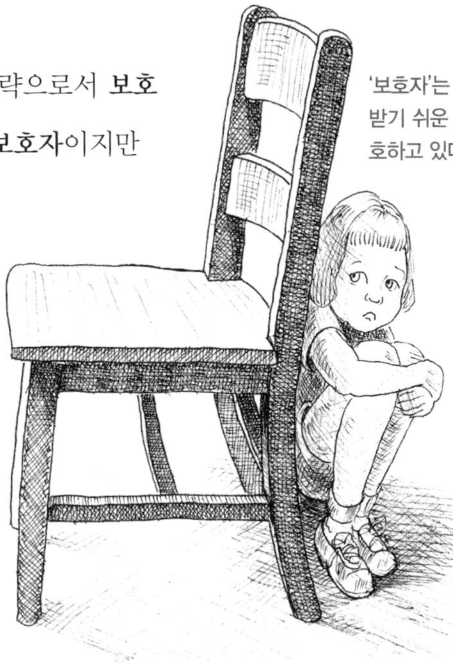

'보호자'는 보통 '상처받기 쉬운 부분'을 보호하고 있다.

먼저 시스템을 보호하는 그 부분의 역할을 당신이 높이 평가하고 있음을 알도록 해준 다음, 그 사람이 어릴 때는 갖고 있지 않았으나 지금은 갖고 있는 자원에 대해 교육시키는 것이다. **보호자**로 하여금 **참자아**에 대해 배우고 그를 신뢰하도록 돕는 것이야말로 시스템을 안전하고 튼튼하게 만드는 보다 효과적인 방법이라는 사실을 이해시키는 것이 핵심이다. 놀랍게도, **참자아**와 부분 사이의 대화 가운데 **참자아**가 부분들의 이야기를 들어주면 그들은 더 나은 방법을 찾아내고 **참자아**를 신뢰하기 시작하며 **참자아**가 자신들을 리드하도록 허락하게 된다.

종종 우리는 '상처받기 쉬운 부분'에 가까이 가려고 할 때 항상 **보호자**가 나타나 가로막는 사람들을 볼 수 있다. 그들은 상처받는 것을 두려워하여 보호하려고 갑옷을 입는다. 이것은 관계에 찬물을 끼얹는 효과를 초래한다. 갑옷으로 중무장한 기사를 껴안는 것은 편치 않기 때문이다. 성인으로서의 모든 자원을 갖고 있음에도 여전히 어릴 때 받은 상처로 말미암아 발달된 심리적인 갑옷으로 무장하고 있는 경우가 종종 있다. 지금 우리는 상황을 더 잘 통제하고 누가 안전하고 누가 안전하지 않은지 성인으로서 판단을 하게 되었다. 성인이 된 우리가 삶에서 이러한 경직된 **보호자**를 가지고 있으면, 여러 방법으로 사람들을 멀리하게 되어 우리가 바라는 관계를 얻기가 매우 힘들게 된다.

내면의 '보호자'는 '상처받기 쉬운 부분'이 위험에 처하지 않도록 아무도 가까이 오지 못하게 한다.

그 외에도 **보호자**는 초연하거나, 동료 및 친구들에게 친근하게 대하지 않거나, 터프가이 입장을 취하거나, 기회가 있을 때마다 대화를 압도하는 등의 많은 다른 행동들을 취하기도 한다. 로리의 내담자는 집에서나 직장에서 사람들에 대해 인

내하지 못하고 툭하면 짜증을 내었기 때문에 문제가 많았다. 따라서 그녀는 인간관계에서 항상 긴장 속에 있었다. 그녀는 자신의 내면에서 이 '방어적인 속성을 가진 부분'과 매우 사나운 '도둑 고양이'를 찾아 내었다. 그녀는 그 '도둑 고양이'를 작고 안전한 방에 갖다 놓은 모습을 머릿속에 그렸다. 그리고 그 사나움을 진정시키기 위해 '도둑 고양이'에게 필요한 것이 무엇인지 물었다. '도둑 고양이'는 그녀가 매일 자신을 방문해주면 그녀를 신뢰하기 시작할 거라고 하였다. 로리는 이 이미지에 대한 이야기를 듣고는 이같이 이야기하였다. "정말 꼭 들어맞는군요! 이 여성은 어릴 때 가족으로부터 버림을 받았고 이어서 또 양부모 가정으로부터도 골목에 버려졌었어요."

관계에서 항상 변치 않는 보호적 입장을 취하던 여성은 내면에서 '보호자'인 '도둑 고양이'를 발견하였다.

그 내담자는 치료 회기 중에 열심히 작업하였다. 그녀는 회기 중에 자신의 **참자아**를 발견하였고 평상시에도 **참자아** 상태에 머무를 수 있게 되었다. 어느 정도의 세월이 지난 후, 그녀는 '도둑 고양이'가 순화되었고 사람들과의 관계가 한층 더 개선되었다고 하였다. 그녀는 심지어 고양이 핀을 사서 즐거운 마음으로 옷깃에 달고 다니게 되었다.

또 다른 로리의 내담자 중에는 종종 눈살을 찌푸리던 체구가 큰 남자가 있었다. 그

그녀가 규칙적으로 자신의 '도둑 고양이'에게 관심을 보이자 자신의 외부관계도 함께 개선되었다.

는 체구와 태도가 위협적이어서 대인 관계에서 상당히 어려움을 겪고 있었다. 어렸을 때 그는 아버지에게 잔인하게 얻어 맞았다. 그래서 그는 항상 두려움 가운데 살았다. 치유 과정에서 그는 자신을 보호하고 있는 '탱크'를 찾아내었다. 사람들을 깔고 지나갔던 '탱크'는 치유를 통해 그가 '탱크'를 움직이는 위치로 서서히 바뀌게 되었다.

로리나 내담자를 놀라게 하는 사건이 일어났다. 하루는 탱크의 뚜껑이 열리고 겁먹은 '작은 소년'이 튀어나온 것이었다. 이제 그 '작은 소년'은 나와서 안전하게 돌봄을 받게 되었다. 치유 과정을 통해 내담자는 자기 삶의 대부분을 통제할 수 있게 되었고 **참자아**가 점점 시간을 많이 점유하게 되었으며 부분들은 덜 극단적이 되었고 관계에 있어도 덜 방어적이 되었다.

강력한 '보호자'들로 갑옷을 입고 있는 사람들은 보통 내면에 상처가 있고 또한 '상처받기 쉬운 아이'가 있다.

비판자, 판단자와 보스

'비판자'나 '판단자'는 우리 시스템에서 지나치게 강해질 수도 있다. 우리는 해야 할 것과 하지 말아야 할 것을 배우는 어린 시절에, 어떤 것이 허용되고 어떤 것이 허용되지 않는지에 대한 부모의 훈계를 받아들이면서 서서히 자신에게 가족과 공동체의 사회규칙을 상기시키는 내면의 '판단자'를 발달시킨다. 물론 우리가 이 부분들을 발달시키는 것은 매우 중요하다. 나중에 이 부분들이 우리가 사회적 맥락 안에서 성공하는 법을 배울 수 있도록 도와주기 때문이다.

우리가 가지고 태어난 기질에 따른 독특한 생물학적 성향이 각 사람의 학습방법을 달리 만들기 때문에 외부자극에 대한 반응은 복잡해진다. 내향적인 아이와 외향적인 아이의 차이가 좋은 예이다. 이 기질적 차이로 말미암아 내향적인 사람은 부모의 엄한 목소리 같은 외부자극에 훨씬 더 민감한 반응을 보이게 된다. 만약 우리가 이 차이를 우리 내면의 '비판자'와 '판단자'를 발달시키는 과정에 적용한다면 이 기질적 차이가 강력한 영향력을 미칠 수 있음을 발견하게 된다.

자녀가 할머니 댁에서 어떤 물건에 손을 막 대려고 할 때 "안 돼, 안 돼."라고 하는 부모를 예로 들어보자. 자녀들의 시스템이 갖는 선천적인 인식수준의 차이 때문에, 내향적인 자녀에게는 부모의 "안 돼, 안 돼."라는 말이 크게 들리고, 외향적인 자녀에게는 작게 들린다. 그 결과 내향적인 자녀는 할머니 댁에서 그 어느 것도 손대지 않으려 하며, '큰 소리로 들리는' 질책으로 매우 조심스러워지게 된다. 반대로, 외향적인 자녀의 귀에는 "안 돼, 안 돼."라는 말이 거의 들리지 않으므로 잠시 후에 그 물건에 다시 손대게 된다.

이 상태에서는 아이가 자라면서 예민한 어린 아이의 '비판자'나 '판단자'는 시스템 안에서 거친 파괴력을 갖게 될 수 있다. 이로 인하여, 성인이 되어서도 끊임없이 비판의 두려움 가운데 자신을 가두어놓고 있는 심한 '자기비판자'가 발달하게 된다. 이것은 그 사람의 내면 시스템 에너지의 많은 부분을 차지하게 되며 극단적인 내면 '비판자'와 '판단자'가 거실에 가득 차 지나치게 통제된 완벽지향적 시스템을 만들어낸다.

부모가 각 자녀에게 동일하게 반응할지라도 외향적인 아이는 내면의 '비판자'

완벽주의는 강력한 내면 '비판자'와 '판단자'의 존재로 인한 것이다.

와 '판단자'가 발달되지 못한다. 이로 말미암아, 외향적인 아이가 사회환경과 상호작용할 때는 어려움을 경험할 수 있다.

그의 내면 시스템은 왼쪽 아래 그림처럼 보일 수 있다. 여기서 '비판자'와 '판단자'가 아주 작고 가까스로 거실에 남아 있다. 물론 이상적인 것은 다음 쪽 위에 있는 그림의 이미지가 될 것이다. 여기서 내면의 '비판자'와 '판단자'는 건강한 형태로 있으며 **참자아**는 리더로서 역할하고 있다.

외부 규범을 충분히 내면화하지 않는 사람은 주변에 있는 사람들과 관계 유지가 어려워진다.

지금까지 우리는 내면의 '판단자'와 '비판자'의 발달을 추적해왔다. 이미 지적한 바와 같이 어떤 사람들은 자신이나 다른 사람들의 불완전함을 절대 용납하지 못할 정도로 '비판자'를 내면화한다. 이 예는 어떻게 내면의 '도덕주의자'가 극단적인 형태로 바뀌었다가도 **참자아**가 리더십을 유지하고 있으면 거칠고 경직된 판단 자세가 부드럽고 자애로운 '도덕적 안내자'로 변화될 수 있는가를 보여주고 있다.

이상적으로는 '참자아'에 접근함으로써 다양한 부분들이 자신의 자연스럽고 균형 있는 모습을 되찾는다.

'참자아' 상태에 있을 때에는 내면의 '도덕주의자'가 보다 더 사랑스럽고 자상한 모습을 취한다.

하나는 경직되고 위축되었으며 비판적이다. 다른 하나는 그 사람이 바뀔 수 있는 희망적인 모습을 보여준다.

비판자, 판단자와 보스를 변화시키기

우리는 제3장에서 익숙한 **관리자**를 보았다. 이 **관리자**는 원래 소리지르며, 몰아부치는 '보스'였다가 **참자아**와 대화를 가진 후 도움을 주는 '관리자-보스'로 변하였다. 확성기를 들고 있는 원래의 '보스'에게 그의 업무가 무엇이냐고 물으면, 자신이 내담자에게 끊임없이 소리지르지 않는다면 내담자는 꼼짝도 하지 않아 아무 일도 끝

소인격체 클리닉을 통해 부분들은 자신들의 극단적인 자세를 내려놓고 좀더 효과적이고 균형 잡힌 모습을 찾을 수 있게 된다.

내지 못하게 될 것이라고 하였다. 내담자의 **참자아**가 주도적으로 '보스'를 안심시키자, 그는 내담자의 염려사항을 들어주고 두려움을 해소시키며 '기획자'로서의 새로운 역할을 취하였다. 그는 우리 대부분이 쓸모 있다고 여기는 '긍정 사고자'로 바뀌어 목표를 구체화하는 업무를 수행하기 시작하였다.

이 모든 부분들은 너무 열심히 일할 때 문제를 일으킨다. 그들의 의도는 좋으나 거실에 너무 많은 공간을 차지하고 있다. 그리고 종종 다른 부분들에게 공간을 내어줄 필요가 있을 때에도 자리를 내어주지 않는다. 앞서 언급하였듯이 우리는 부분들을 없애버리려고 하는 것이 아니라 **참자아**와의 대화를 통하여 부분들을 좀더 잘 이해하려는 것임을 그들에게 상기시키는 것이 중요하다. 이 프로세스는 대체로 시간이 오래 걸리며 보통 문제가 되는 부분과 반대 입장을 취하거나 제휴하고 있는 다른 부분들을 찾아내는 작업이 포함된다. 각 부분들이 하고 싶은 이야기를 하게 하는 것이 작업의 핵심이다.

예를 들어, 이혼 수속을 밟고 있던 한 내담자는 그 사람의 표현을 빌리면 "다른 부분들 모두로부터 따돌림을 받아" 침울해하며, 짜증 내는 열네 살 '소녀'를 찾아내었다. 처음에는 내담자가 이 '소녀'와 이야기하고 싶어하지 않았으나 치료 회기가 진행되면서 **참자아** 상태로 옮겨가는 도움을 받고 이 '소녀'와 대화할 수 있었다. 내담자의 이 '소녀'는 자신의 결혼 생활이 파탄 나자 온 세상이 무너져 내리는 듯한 느낌을 받았다고 하였다. 1년이 지난 후, 후속 회기에서 그 내담자는 이렇게 말했다. "내가 열네 살 '소녀'를 찾아내지 못했다면, 이혼 과정의 파도를 제대로 헤쳐나가지 못했을 거예요."

착한 부분들이 너무 착해질 때

때로는 어떤 부분이 매우 긍정적인 태도로 일할 수도 있다. 그 사람은 다른 사람들

남을 돕는 직업을 가진 사람들은 자신에게 흔히 고도로 동기 부여된 '도우미'가 있음을 알게 된다.

로부터 그 부분이 잘하고 있다고 인정을 많이 받게 된다. 그러나 그 부분이 점차 의식의 거실을 장악하고 그 사람의 모든 에너지를 소진시키면서 서서히 그 사람 삶의 많은 부분을 차지하게 된다. 남을 돕는 직업을 가진 사람의 경우, 그 부분은 '도우미'가 된다.

이 같은 부분은 많은 능력과 자원들을 가지고 시스템에서 중심적이며 균형 잡힌 역할로 출발하기는 했으나, 때때로 '구조자'가 되어 모든 것에 관여하게 되는 상황이 발생한다.

나의 워크숍에는 남을 돕는 직업을 가진 사람들이 종종 이 '도우미'가 과도하게 활성화된 상태에서 참석한다. 그들이 이 부분들과 새롭고 좀더 균형 잡힌 관계로 회복될 수 있도록 돕는 것이 '치유자를 치유하는' 탈진 예방 워크숍의 목적이다.

이 부분이 극단적이 되면, 그 사람이 가진 에너지의 많은 부분을 소진하며 탈진시킬 수 있다.

염려하는 부분

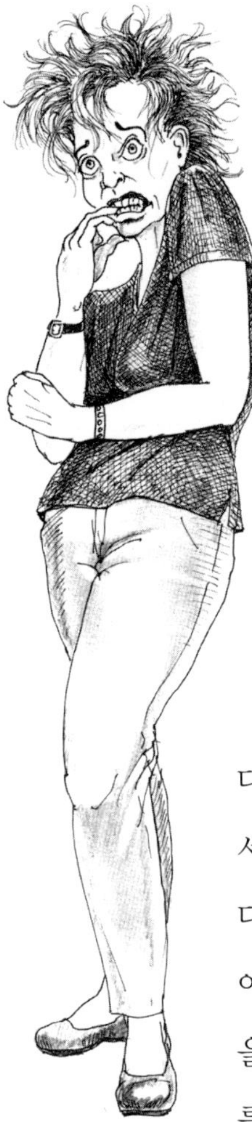

'염려하는 부분'이 극단적이 되면, 일상기능을 매우 힘들고 불편하게 한다.

많은 이들에게 자주 찾아오는 것이 '염려하는 부분'이다. 이 부분이 극단적이 되면, '염려하는 부분'은 거실의 많은 부분을 차지한다. 진짜 위험이 무엇인지 제대로 판단하기 위해서는 다른 부분들이 필요한데, 이 '염려하는 부분'이 다른 부분들이 자리잡지 못하도록 만든다. 또한 **관리자**들로 하여금 문제의 소지가 있을 만한 것들에 대해서도 대처할 수 있는 계획을 수립하지 못하게 만든다. 순기능적인 면에서는, 아래 그림에서 보듯이, '염려하는 부분'이 앞을 내다보며 위험의 가능성을 예고해준다. 이처럼 필요한 부분들을 활성화시킬 수는 있지만, 모든 시스템을 소진시키면서 뜬눈으로 밤새우게 하지는 않는다.

로리는 휴가에서 돌아오는 길에 미국과 캐나다의 국경에서 차량 정체로 인해 차 안에서 단기 소인격체 클리닉을 하였다. 이때 '염려하는 부분'이 재미있게 바뀌는 경험을 하였다. 로리는 자기 업무를 매우 좋아는 하였지만 휴가를 끝내고 다시 직장에 복귀하는 것을 꽤 염려하였다. 그녀의 사무실에는 많은 변화와 함께 혼란스럽고 예측 불가능한 분위기가 감돌고 있었기 때문이었다. 우리는 줄 서서 기다리는 시간을 소인격체 클리닉 회기로 활용하였다.

균형 잡힌 모습에서는 '염려하는 부분'이 우리로 하여금 앞을 내다보도록 돕고 위험을 예고해준다.

로리는 몇 차례 천천히 심호흡을 하면서 자신의 **참자아** 상태로 들어갔다. 그 '염려하는 부분'을 머리 속에 그려보라고 하자, 로리는 혹시나 위험한 것이 있을까 찾으러 돌아다니고 있는 염려 많은 작은 '생쥐'를 떠올렸다. 그 '생쥐'가 하는 일과 염려하는 바에 대해서 이야기를 나눈 후 나는 '생쥐'가 편히 쉴 수 있도록 안전한 장소에 데려다 놓으면 좋겠다고 하였다. 로리는 부드러운 천을 깔아놓은 바구니 안에 그 '생쥐'를 넣는 모습을 머릿속에 그렸다. 거기서 '생쥐'는 잠들었다. 그리고 나는 저 멀리 혹시 문제가 다가오고 있지 않을까 보초를 서는 또 다른 부분은 없는지 물었다. 로리는 산과 들이 내려다보이는 언덕 위에 정복을 하고 서 있는 수호여신 '아테나'가 보인다고 하였다.

그녀가 '아테나'를 보초로 세운 후 '생쥐'에게로 되돌아오자 웃음을 참지 못하였다. 이내 그녀는 호흡을 가다듬으면서 '생쥐'가 잠들었을 뿐만 아니라 '생쥐 인형'으로 바뀌었다고 하였다. 나중에 로리는 훨씬 차분한 상태로 근무하게 되었고 일의 능률도 훨씬 높아졌다고 하였다. 가끔 '아테나'를 떠올리기만해도 도움이 되기는 하지만, 설사 그러지 않더라도, 그녀는 전보다 훨씬 차분해진 느낌이 들었다. 그녀는 자신의 부분들을 자각하고, 필요할 때는 의식의 거실 안에 있는 '아테나'를 적절히 떠올리며 **참자아** 상태를 더 많이 유지하고 직장에서 부딪히는 혼란스런 사건들에 더욱 자신감 있게 대처할 수 있었다. 소인격체 클리닉, 즉 부분들과 작업할 때는 문제가 되는 부분들을 제거하는 것이 아니라 그들의 원래 의도를 이해하는 것이 목표다. 그러고 나서 내면 작업을 통해, 그 사람이 관련 부분들로부터의 의견을 듣고 **참자아** 입장에서 상황에 접근할 수 있는 길을 찾도록 도와주는 것이다.

다음에 나오는 연습은 이 프로세스를 맛볼 수 있는 기회를 제공한다. 부분들과의 내면 대화를 통해서 시스템에 더 많은 조화와 균형을 가져오고 우리의 부분들이 자연스런 역할을 취할 수 있도록 도와주게 된다.

당신의 시스템에 균형을 회복하기

당신의 내면 시스템의 균형회복 프로세스를 제대로 도울 수 있는 IFS 모델 치료사에 대한 웹사이트 정보가 이 책 마지막에 실려 있다. 다음의 연습은 치료사의 도움이 필요한 정도로 심각한 문제를 다루려고 디자인된 것은 아니다. 자신도 모르게 발달한 적응패턴을 탐색할 수 있도록 돕기 위한 것이다. 여기서 당신에게 효과가 있는 것만 취하고 그렇지 못한 것은 버려라.

지나치게 열심히 일하고 있는 부분을 되돌아보기

- 지나치게 열심히 일하고 있다고 생각되는 부분을 파악한다.
- 이 부분이 거실에 있을 때 어떤 생각과 느낌이 드는가?
- 이 부분이 장악한 상태에 있을 때 당신은 어떻게 행동하는가?
- 그 부분을 그림으로 그린다면 어떤 모습인지 머릿속에 그려본다.
- 이 부분을 생각할 때면 그 부분을 향하여 어떤 느낌이 드는가?
- 판단이나 두려움 같은 반응이 나타나면 그들의 서로 다른 관점들 모두를 이해하려고 하면서 이 문제를 입체적으로 구성하는 모든 부분들을 감지한다.
- 만약 호기심이나 공감적 반응이 느껴지면 그 부분에게 다음과 같은 질문들을 하도록 한다.

추가 질문

- 그 부분의 임무는 무엇인가?
- 그 부분이 그토록 열심히 일하지 않는다면 무슨 일이 일어날까 봐 두려워하는가?
- 상황을 관리할 수 있는 다른 방법이 있다면 그 부분이 그것을 고려해볼 용의가 있는가?
- 다른 방법으로 상황을 관리하기 위해서 당신은 그 부분을 어떻게 도와줄 수 있겠는가?
- 다음주나 그 다음주에 걸쳐서 당신이 그 부분의 에너지를 활용할 수 있는 좀더 유용한 방법을 탐색해보라.

제6장

부분들의 관계

"… 당신은 항상 … 당신은 절대…."

우리가 하루 종일 다른 사람들과 교류할 때는 매우 다양한 부분들이 거실로 들어온다. 특히 우리 자녀들, 부모, 부부 및 동료들과 상호작용할 때 어떤 부분들은 정기적으로 불려 나와 활동한다. 이 반복적인 프로세스를 '순환고리'라 부른다. 반복적인 순환고리는 긍정적일 수 있다. 함께 있을 때 자연스런 따뜻함을 느끼게 하거나, 계속해서 농담을 하거나, 인생에 대해 깊은 논의를 하게 되는 사람들이 있다. 그러나 자동적인 순환고리는 긴장이나 갈등을 일으키고 교류의 방식을 제한하는 등 우리 인간 관계에서 문제를 일으킨다.

부정적이 되는 반복적인 순환고리의 예는 전형적인 부모-자녀 임패스(교착 상태)에서 찾을 수 있다. 자녀가 규칙을 어기거나 무례하거나 생각 없는 짓을 하면, 부모의 '판단자'는 책임에 대해 긴 설교를 늘어놓기 시작한다. 어린 아이의 '반항자'가 거실로 들어온다. 아이의 뿌루퉁한 태도는 부모의 '판단자'를 부채질하여 더욱 도덕적이 되도록 만든다.

이것은 다음과 같은 예측 가능한 결과를 낳는다. 지금 거실 전체를 장악하고 있는 '반항자' 때문에 부모의 설교가 많아질수록 아이는 더욱 고집스럽고 뿌루퉁해진다. 이 같은 교류가 진행되면서 부모와 아이의 두 부분은 거실의 양 끝에 대치하고 있어 아주 사소한 자극에도 즉각적으로 행동으로 옮길 준비를 한다. 시스템적 가족치료사들은 이 프로세스를 "… 하면 할수록 … 해진다."고 표현했다. 그리고 그들은 부모의 '판단자'와 자녀의 '반항자'를 가라앉히기 위해 많은 시간을 들여 부모와 아이를 **참자아** 상태로 만들려고 노력한다.

흔히 볼 수 있는 또 다른 순환고리는 상사와 부하직원 사이에서 볼 수 있다. 판

꾸중을 많이 들을수록 저항은 커진다.
전형적인 대인관계의 순환고리이다.

단하는 상사는 부하직원의 '반항자'나 '방어자'를 불러낼 가능성이 많다. 그리하여 부하직원들은 이러한 부분을 통해 상사를 위협하게 되고, 이것은 다시 상사의 '방어자'를 거실로 불러오는 악순환을 거듭하게 된다.

부부 관계에서의 순환고리

다른 어떤 관계에서보다도 순환고리는 부부 사이의 교류에서 훨씬 빈번하게 나타난다. 교류가 반복적이 되면서, 어떤 부분들은 계속해서 등장한다. 한쪽의 부분이 자동적으로 상대편의 한 부분을 불러내는, 널리 잘 알려진 순환고리가 있다. 어느 상담실에서나 볼 수 있는 가장 고통스런 교류는 부부 사이에서 부정적인 순환고리가 전개되고 있을 때이다.

시가 **참자아**의 성격을 탐구하는 데 도움을 주었듯이 소설을 가지고 부부 사이의 이런 유형의 고통스런 순환고리를 설명하고자 한다. 작품을 통해 인간의 심리에 대한 탁월한 이해를 보여준 레오 톨스토이는 소설 안나 카레리나에서 일련의 역기능적 교류를 묘사하고 있다.

안나의 남편 브론스키는 어느 날 저녁 클럽에 늦도록 남아 있는다. 안나의 내면에는 그와 또 한바탕 '싸우고 싶지 않다고 이야기하는 부분'이 있다. 항상 그를 비난하며 싸워왔기 때문이다. 그럼에도 불구하고 그가 귀가할 때면 그녀는 자신도 모르게 싸움을 거는 자신을 발견한다. 클럽에 그토록 늦게까지 남아 있어서 만족스러웠냐고 하면서 차갑고 화난 표정으로 남편에게 쏘아댄다. 그는 그러고 싶었고 그게 중요해서 그랬다고 퉁명스럽게 대꾸하고는 슬며시 그녀에게 손을 내민다. 그녀는 화해하고자 하는 남편의 시도에 내심 기분이 좋아지지만, 한편으로는 내면에서 어떤 이상한 '악'의 힘을 느낀다. 이 '화내는 부분'은 그녀로 하여금 그의 부드러움에 반응하지 못하도록 만든다. 그녀는 화해를 하는 대신 항상 똑바로 행동하라고 차갑게 말한다.

그리고 그녀는 흐느껴 울기 시작한다. 이렇게 하면 남편이 자기를 불쌍하게 여길 것이라는 기대감을 갖고…. 이것이 잠깐은 효과가 있는지 몰라도, 그들이 저녁식사를 마친 후 겉도는 대화를 나누기라도 할라치면, 그녀는 이제 그의 눈에서—자기가 지금까지 싸우려고 했던—강고해지는 불만을 보게 된다. 그들 사이의 줄다리기가 이미 깊어졌고 다음 번에 부딪칠 때는 더욱 나빠질 것 같다는 느낌이 그녀에게 몰려온다. 이러한 일련의 가속현상이 그들 둘 다를 장악한다.

안나의 '투사-방어자 부분'이 남편 브론스키를 자주 자극할수록 남편 안에 있는 '갑옷을 입은 부분'이 고개를 든다. 그녀의 애처롭게 '우는 부분'이 비싼 비용을 치르면서 그 갑옷을 뚫는 데 성공한다. 그러나 다시 의견충돌이 일어나면서 남편 브론스키의 '갑옷을 입은 부분'은 더욱 강해지고 재빨리 거실로 되돌아온다. 그녀의 '싸우고자 하는 부분'이 폐부를 찌르는듯한 말을 더 많이 사용하면서 그들 사이는 훨씬 더 멀어지게 된다.

부부 교류에서 순환고리의 부정적인 영향을 약화시킬 수 있는 방법이 있다. 각 사람이 자신 안에 있는 부분들에 대해 잘 알수록, 그리고 논쟁 중간에 잠깐 멈추어 **참자아**에 쉽게 접근할수록, 순환고리가 조기에 차단될 수 있는 기회가 증대되어 파국으로 치닫지 않게 된다.

Z 프로세스

부분 간의 교류 패턴을 분석하면서 우리는 Z 프로세스를 발견하였다. Z 프로세스는 인간관계 속에서 부분들의 습관적인 교류를 추적하는 방법이다. 우리는 그것을 'Z'라고 부르는데 그 이유는 순환고리와 달리 시작하였던 곳으로 돌아가지 않기 때문이다. 한 부분이 상대방의 반응적인 부분을 불러내기 때문에 순서를 따라 그리면 Z 모양이 나타난다. 소인격체 클리니 워크숍을 할 때 로리와 나는 때때로 부부 교류 역할극을 한다. 최근 워크숍에서 역할극을 하는 도중에 로리가 Z 프로세스를 처음 발견했던 당시의 이야기를 여기 소개한다.

> 역할극은 인생을 모사하는 예술과 같은 것이다. 남편 톰은 내향적이고 나는 외향적이라는 사실만으로도 순환고리가 촉발됨을 보여준다. 남편은 조용히 있으면서 에너지를 충전하고, 나는 사람들과 함께 있으면서 에너지를 충전한다. 직장 일이 끝난 금요일 저녁이 역할극 장면이다. 나는 의식의 거실에 'TGIF(야! 주말이다. 해방이다!) 부분' 상태에서 신나는 발걸음으로 집으로 뛰어들어온다. 그런데 남편은 '주의력 방해자' 상태에서 조용히, 행복하게 신문을 읽고 있다. 우리는 각자의 'TGIF 부분' 상태에 있다. 외향적인 여성의 'TGIF 부분'과 내향적인 남성의 'TGIF 부분'에 상당히 차이가 있음을 알 수 있다.

저녁 시간을 어떻게 보낼지에 대해
서로 다른 꿈을 갖고 있다.

내 'TGIF 부분' 상태에서
오늘 저녁에 남편과 함께
친구들을 만나 저녁을 먹고
영화 보러 가기로 했다고 신나서 떠든다.

아내를 기쁘게 해주고 싶어하는 남편의
'착한 소년'과 진지한 '책임감 있는 소년'은
마지 못해 아내의 계획에 동조한다.
배경에 한 '툴툴이'가 자리 잡고 있는 것을 보라.

그때 나의 '관리자'가 나타나서
일요일에 야외 나들이가 약속되어 있음을
남편에게 깨우쳐준다.

이것이 남편 안에 있는
'귀가 얇은 부분'을 밀어놓도록 만드니
'툴툴이'가 전경으로 나온다.

이것이 Z 프로세스의 첫 번째 단계였다.

'툴툴이'의 임무는 톰이 과로하지 않도록 보호하고 자신에게는 어느 정도 여유를 베푸는 것이다. 나는 재빨리 그의 얼굴을 보고 그가 기분이 좋지 않다는 것을 알아챘다. 그렇게 Z 프로세스는 진행된다.

나는 먼저 나의 '모성 부분'으로 옮겨 가
남편에게 커피나 맥주를 갖다줄지 물어본다.

남편은 '퉅퉅이' 상태에서
퉁명스럽게 아니라고 대답한다.

그러면 나는 '애처로이 슬퍼하는 부분'으로
들어간다. "나는 일주일 동안 힘들게 일했어요.
정말로 밖에 나가 즐거운 시간을 갖고 싶어요….
나는 탈진 상태에요." (안나처럼!)
좀더 기분 좋고 '행복한 부분'이 그의 거실로
들어갔으면 하는 바람을 안고.

남편은 '퉅퉅이'를 옆에 두고
'주의력 방해자'가 되어
신문 뒤로 후퇴한다.
'도우미'가 뛰어들고 싶지만
다른 부분들이 그가 장악하도록
놓아두지 않는다.

나는 지금까지 내 안에 '판단자'가 있었다는 것을 감지한다. 그냥 혼자 앉아서 조용히 있고 싶어하는 이 사랑스런 남자에게 도무지 배려가 없다고 나 혼자 중얼거리며…

짧은 연극을 끝내기 위해 결국 나는 주위를 거닐며 심호흡을 한다. 최소한 **참자아** 상태에 가까워지기 위해서. 그러고는 놀랍게도 남편 곁에 앉으며 내 입에서 튀어나오는 말은 이렇다. "내가 또 그랬어요. 그렇지요?"

이 역할극을 당신이 했다면 정말로 더 잘할 수 있었을 것이다. 그리고 나도 해냈다! 그리고 깨달았다. 자연스럽게 "내가 또 그랬어요."라고 이야기할 때 그 실수를 부분들이 고백하는 현상으로 이해하면 내 실수를 인정하기가 훨씬 쉬웠다. 그 부분들 중 어떤 것도 분명히 전체로서의 나는 아니었다. 그리고 그 부분들로부터 어느 정도 거리를 두게 되면 **참자아** 입장에서 그 상황에 접근하기가 더 쉬웠다. 우리는 함께 앉아 각자가 **참자아** 상태에 있으면서 **참자아** 입장에서 우리의 부분들을 대변할 수 있었다. 이러한 모드에서는 우리가 어떻게 주말을 보낼 것인가에 대해 비교적 쉽게 합의를 도출하였다.

우리가 '참자아' 상태에서 중심을 잡고 있으면 자신의 부분들뿐만 아니라 다른 사람의 부분들의 이야기까지 모두 들을 수 있다.

톰은 자신이 경험한 Z 프로세스를 되돌아본다

로리의 요청에 대한 나의 첫 반응은, 그림에서 볼 수 있듯이, '다른 사람들을 기쁘게 하려는 소년'과 '다른 사람의 욕구를 자기 어깨에 짊어지는 소년'의 입장에서 나오는 자동적인 긍정이다. 이것은 활동을 제한하고 과로를 미연에 방지하려는 '툴툴이'에게 조금의 여유도 주지 않는다. 이 교류에서 나의 부분들을 살펴보는 순간 익숙한 패턴이 보였다. '다른 사람들을 기쁘게 하려는 부분'과 '짐을 지는 것이 자신의 임무라고 생각하는 부분'이, 나의 시스템 가운데 있는 나머지 부분들에게 확인해 보지도 않고, 자동적인 '긍정' 반응으로 들어간다. 그리고는 내가 탈진하자 '툴툴이'가 거실을 장악하고는 모든 의사소통을 어렵게 만든다. 로리의 '양육자'가 '툴툴이'를 거실에서 내보내지 못하자 그녀의 '슬퍼하는 부분'이 내 안에 있는 '참견하고 싶어하는 도우미'와 내면의 싸움을 시작한다. 하지만 '툴툴이'가 여전히 떠나지 않자 '주의력 방해자'가 다시 장악하여 나를 신문 속에 묻어버리고 의사소통을 중지시켜버렸다.

일련의 사건의 출발점에서 Z 프로세스를 바라보면서 활성화된 부분들의 성격을 탐색해보자. 외출하자는 로리의 요청에 대한 나의 첫 번째 반응은 전경에 자동적으로 나타나 "그래."라고 대답하는 부분들이다. 이 지점은 내가 자동적으로 반응하는 일련의 사건들을 차단할 수 있는 순간이다. 만약 내가 순간적으로 자동적인 동의를 피할 수만 있다면 시스템이 **참자아** 상태에서 다른 부분들의 의견을 들어볼 수 있는 기회를 제공해준다. 실제로 로리가 먼저 내 의견을 구하지 않고 내가 참여하는 계획을 짜는 경우는 거의 없다. 따라서 보통 "한번 생각해보지."라고 이야기할 시간은 충분히 있게 되며, 그때 나는 내면으로 들어가 나의 여러 가지 부분들이 어떻게 반응하고 있는지 알아볼 수 있다. 이 시점에서 '툴툴이'를 체크해 보는 것이 좋다. 왜냐하면 그의 임무는 내가 녹초가 되어 휴식이 필요한 때를 나와 다른 사람들에게 알려주는 것이기 때문이다. 만약 그가 시스템을 쉬게 할 시간이 필요하다고 생각하면 내게 알려준다. 그러고 나서 로리를 기쁘게 하려는 나의 부분들을 다룰 수 있게 된다. 그들은 로리의 제안을 거부할 생각이 거의 없다. 그러나 나는 휴식을 취함으로써 '툴툴이'가 장악할 필요가 없도록 만드는 것이 장기적으로 볼 때 로리가 훨씬 더 행복한 것이라고 **참자아** 상태에서 그들에게 설명한다. 이제 나는 **참자아** 상태에서 로리와 이야기할 수 있게 되면서, "너무 힘들어서 집에 있고 싶다."는 이야기를 들려준다. 어떤 부분들은 그녀의 얼굴에 분명히 드러나는 실망스런 표정에 불편해 할 수 있지만 머지않아 놀랍도록 탁월한 그녀의 복원력 – 즉 30분도 안되어 다른 방법을 통해 그녀 자신이 필요로 하는 것을 얻을 수 있다는 사실 – 을 목격하게 된다.

초기에 순환고리를 차단하는 것이 이상적인 시점이긴 하지만, 반응의 자동성 때문에 이미 Z 프로세스가 한참 진행된 후에야 그것을 깨닫게 된다. 때로는 외출하려고 넥타이를 매고 있을 때에 비로소 나는 '툴툴이'가 거실을 장악하고 있음을 깨닫게 되며, 그제서야 거울에서 그가 나를 빤히 바라보고 있음을 의식하게 된다. 그 순간 내가 **참자아**를 충분히 자각하는 상태에서 '툴툴이'에게 한마디 해주거나, 다음날 우리가 함께 앉아 스케줄을 검토하거나, 나에게 좀더 쉴 수 있는 시간이 필요하다는 사실을 로리에게 알려줄 수도 있다. 또한 로리는 '툴툴이'가 거실로 들어오고 있는 것을 보고, **참자아** 상태에서 자신 안에 지금 일어나고 있는 일을 내게 알려주면서, 그 순간 내가 필요로 하는 것이 무엇인지 물어볼 수도 있다. 로리가 **참자아** 상태에서 '툴툴이'는 나의 과로의 표현이지 그녀에 대한 '비판자'가 아니라는 것을 깨달을 때 이 과정은 좀더 쉽게 진행된다. 그리하여 로리의 '판단자'가 그녀를 자괴감에 빠뜨리지 않도록 하거나, 다른 부분들로 하여금 '툴툴이'에게 반응하지 못하도록 만든다.

워크숍에서 이 같은 역할극과 논의를 끝내고 나서 나는 참가자들로 하여금 둘씩 짝을 짓고 상호 관계 속에서 감지한 Z 프로세스를 서로 도와가며 그려보도록 한다. 그리고 등장한 부분들에 대해 다른 사람 안에 있는 어떤 것이 그 부분들을 활성화시켰는지 되돌아보도록 한다. 그 사람에게 그 부분들이 어떤 기능을 하고 있는지, 이 상황에서 왜 그 부분들이 거실로 들어왔는지, 그리고 Z 프로세스를 어떻게 해석할 수 있는지에 대해 생각해보도록 한다. 최근 워크숍에 참가한 어떤 사람은 자신과 남편 사이에 있었던 Z 프로세스를 다음과 같은 순서로 정리하였다.

그녀는 '다기능 수행자'가 장악한

상태에서 집안을 청소한다.

남편은 '주의력 방해자'가 장악한

상태에서 꼼짝도 하지 않는다.

얼마 후에 그녀는 화를 낸다. 그녀의

'늑대'가 장악한 상태에서 도와주지

않는다고 그에게 험한 말을 퍼붓는다.

남편은 방어적이 된다. 그의 **보호자**는

그녀의 충동적인 발언에 대해

큰 소리로 맞받아친다.

그들 부부는 얼어붙은

임패스(교착 상태)에 도달한다.

매우 '적대적인 부분'처럼 보이는 것은 그 안에 부드럽고 '상처받기 쉬운 부분'을 감추고 있기 때문이다. 후자는 우리가 '참자아' 상태에서 중심을 잡고 있을 때 드러난다.

그녀가 이 Z 프로세스를 설명하자 나는 곧바로 소인격체 클리닉을 시작하였다. '청소하는 부분'은 정말로 집안 청소를 즐거워하였으며 누가 도와주든 말든 그리 상관하지 않았고 일하는 것을 즐겼다는 사실을 알아내었다.

우리는 그녀의 '화난 부분'과 대화를 이어나갔다. 그 부분은 게으르게 앉아만 있다고 남편에게 험한 말을 퍼붓는 '화난 늑대'였다. 우리가 대화하며 '화난 늑대'를 분리시키자 그 부분의 모습이 바뀌었고, **참자아** 상태에서 그것은 '강아지'로 보였다.

'강아지'와 대화하면서 그녀가 원했던 것은 남편보고 도와달라는 것이 아니라 자기가 하고 있는 일을 인정해달라는 것이었음이 분명해졌다. 이 대화 바로 전까지 그녀는 자신의 분노만을 자각했고 인정받고자 하는 바람은 자각하지 못했었다. 이 '화난 늑대'는 인정받고자 하는 바람 가운데 감춰져 있는 상처 입기 쉬운 감정인 그녀의 '강아지'를 덮어 보호하고 있었던 사실이 드러난 것이다.

'집안을 청소하는 부분'과 '화난 늑대'를 분별할 수 있게 되자 그녀는 자신이 남편으로부터 무엇을 원하는지 확실히 깨달을 수 있었다. 그녀는 남편으로부터 자기가 원하는 것을 얻어낼 수 있는 더 나은 방법을 쉽게 찾게 되었다.

안나와 브론스키가 **참자아** 상태에서 자신들의 부분들에게 접근할 수 있었다면 어떠했을까? 아마도 이런 훌륭한 소설이 나오지 않았을 것이다!

반복적인 순환고리와 Z 프로세스는 항상 우리의 중요한 인간 관계를 구성한다. 이 Z 프로세스는 매우 '보호적이며 고집스런 부분'을 불러들이면서 자기 주장만을 내새우며 이견을 극복할 수 있는 좀더 건설적인 다른 방법들을 차단해버린다.

"당신은 항상…당신은 절대…"라는 표현을 인간관계 상담을 하는 치료사들이 경계해야 하는 이유는 부분들이 서로에게 부정적인 낙인을 찍고 있기 때문이다. 소인격체 클리닉은 이것을 어떤 사람의 **보호자**가 보통 자신의 시스템 안에 있는 '상처받기 쉬운 부분'을 보호하면서, 다른 사람을 낙인찍고 있는 프로세스로 본다. 이 부분들이 **참자아**로부터 대화에 초대받아 이야기를 털어놓을 수 있게 되면, 자신들의 이야기를 들어주기 때문에 보통 이 방어적인 행동을 중지하게 된다. 따라서 우리는 부분들이 갖고 있는 욕구를 안전하게 상대방과 나눌 수 있는 방법을 찾을 수 있게 되는 것이다.

인간관계의 순환고리 및 Z 프로세스 탐색하기

당신의 삶 가운데서 다른 사람과 갖는 반복적인 교류에 대해 생각해보자.

- 이 교류에서 활성화된 당신의 부분들을 파악할 수 있는지 본다.
- 당신의 이 부분을 활성화시킨 다른 사람의 언행을 구체적으로 파악할 수 있는가?

이 장에 기술된 순서를 되돌아보며, 당신의 삶에서도 비슷한 순서를 파악할 수 있는지 생각해보자.

- 당신과 다른 사람 안에 있는 부분들을 가지고 이 반응 순서를 적어본다.
- 이 교류에서 Z 프로세스를 그려본다.
- 주의 : 다른 사람의 부분들에 이름을 붙일 때 조심해야 한다. 당신의 이해를 돕기 위해 이렇게 할 수는 있으나, 그 부분에 낙인을 찍지 않도록 한다. 당신이 **보호자** 입장에서 이렇게 하는 것은 "당신은 항상… 당신은 절대…"의 또 다른 표현이며 파괴적인 교류인 Z 프로세스로 나아가게 된다.
- 활성화된 부분들의 기능에 대해 생각해본다.
- **참자아**로 옮겨 가, 부분들을 이해하고 **참자아** 입장에서 그들을 대변함으로써 어느 시점에서 그 프로세스를 중단할 수 있는지에 대해 생각해본다.

어떤 부분들은 고통스런 상황을 반복해서
재현하는 것이 자신들의 임무라고 믿고 있다.

제7장

주의력 방해자와 소방관

"추방자들을 멀리하기"

주요 뉴스를 이미 다섯 번이나 들었는데도 하루에 몇 번씩 라디오를 켜며, 이미 다 훑어보았던 신문을 펼치고, 배고프지도 않은데 군것질을 하고, TV에서 볼만한 것을 찾기 위해 리모콘을 여기 저기 눌러보고 있는 자신을 발견하는가? 아이팟이나 휴대폰에 연결한 이어폰을 귀에 꽂고 캠퍼스를 가로지르는 학생들을 볼 때, 강의실로 걸어오는 열린 공간이 그들에게는 너무 빈 거실 공간이 아닌가라는 생각이 든다. 오늘날 우리의 삶은 엄청난 정보로 넘쳐나고 있지만 자극수준이 조금이라도 느슨해질 때마다 우리는 서둘러 빈 공간을 채운다.

왜 그런가? 내면 시스템의 관점에서 이 '주의력 방해자'는 어떤 기능을 가지고 있어야 한다. 어떤 때에는 우리의 마음이 부산하여 외부의 상황들이 우리의 주의를 끌지 못한다. 우리는 우리를 과업에 묶어놓고 있는 내면의 **관리자**들로부터 해방되고 싶어한다. 우리는 내면의 끊임없는 잔소리나 '염려하는 부분', 그리고 우리를 전혀 쉬지 못하게 만드는 '비판적인 완벽주의자 부분', 혹은 '계획하는 부분'을 피하고 싶어한다. 종종 우리 의식의 거실이 비게 되면 과거사에 대한 반추, 일에 대한 습관적인 염려, 인간관계의 문제, 이러 저러한 걱정들에 의해 채워질 위험성이 높아진다. 왼쪽 그림에서 우리는 '반추자'라고 불리는 부분을 볼 수 있다. 이 부분은 끊임없이 상황을 반복해서 떠올리며, 우리에게 고통이나 두려움을 생각나게 하고, 이번에는 더 나은 결과가 있기를 바란다.

이 같은 '반추자'는 '주의력 방해자'를 활성화시키는 요인이다. 습관적인 반추는 우리 시스템을 옥죄고 잠가버린다. '주의력 방해자'는 이 '반추자'를 거실에서 몰아내고 시스템이 휴식을 취할 수 있도록 돕는다. 나는 '주의력 방해자'가 정신세계를 위한 일종의 화면 보호기라고 생각한다. 화면 보호기는 원래 컴퓨터에서 타이핑한 내용을 너무 오랫동안 그대로 놓아둘 때 화면에 패턴이 그대로 새겨지면서 화면이 손상되는 것을 방지하기 위하여 개발되었다. 만약 이 '주의력 방해자'가 말을 할 수 있다면 아마 이렇게 이야기할지 모른다. "잠깐, 만약 당신 머리 속에서 돌아가고 있는 옛날 테이프를 그대로 켜놓아두었다면, 나는 특별한 의미는 없더라도 재미있는 패턴으로 그 테이프를 중단시켜버리고, 당신 의식의 거실에 있는 TV를 켜겠소."

누군가 마우스에 손대자마자, 즉 주위에 있는 어떤 것이 우리의 주의를 끄는 즉시, 이 화면 보호기는 사라진다. '주의력 방해자'는 지나치게 많은 공간을 차지해온 부분들이 더 이상 반추에 몰입하지 않도록 변화를 주는 기능을 가지고 있다. 그러나 '주의력 방해자'가 너무 자주, 너무 오래 머물면 보다 더 유용한 부분들이 접근할 수 있는 기회를 가로막게 된다.

추방자

많은 시스템에서 발견되는 부분들 중에 또 하나의 중요한 유형이 있다. 리처드 쉬워츠는 이것을 **추방자**라고 부른다. **추방자**는 다양한 이유에서 거실로 들어오지 못하도록 되어 있는 부분들이며 쉽게 활성화되지 않는, '저장의식' 가운데 갇혀 있는 부분들이다.

아마도 이 부분들은 우리 가족이나 친구들로부터, 그리고 사회적으로 수용되지 않았던 것들일 수 있다. 남자아이들의 예를 들면, '상처받기 쉬운 부분', '예민한 부분'이 동료들이나, 아버지, 코치로부터 처벌을 받거나 수치심을 느낄 때 발생한다. 여자아이들의 경우, '똑똑한 부분', '공격적인 부분', '능력 있는 부분'이 주위 사람들과 환경에 의해 처벌을 받거나 적어도 의욕이 꺾이는 상황에서 발생한다. 이 같은 상황에서는 **관리자**가 고통스런 사회적 제재가 발생하는 것이 두려워 이를 피해가려고 이 **추방자**를 안전하게 치워놓는 법을 배우게 된다.

고통과 외상적인 경험의 기억을 갖고 있기 때문에 치워놓은 **추방자**도 있다. 거실이 고통스런 기억과 감정들로 넘쳐나는 것이 두려워 **관리자**는 이 '고통을 짊어지고 있는 부분'을 억압하고 어떻게 해서든 이 부분이 활성화되지 않도록 한다.

이러한 전략이 감당해야 하는 비용 중의 하나는, 혹시나 어떤 것들이 **추방자**들을 활성화시키지는 않는가 경계하기 위해서 **관리자**가 항상 거실에 남아 있어야 한다는 것이다. **추방자**가 품고 있는 고통이 넘쳐나게 될 것을 두려워하는 순간 **참자아**는 그 시스템에서 중심적인 역할을 취할 수 없게 된다. 그러나 **관리자**가 아무리 최선을 다한다 하더라도, 삶에서 **추방자**들을 자극하는 일이 없을 수 없으며 그로 말미암아 **추방자**들이 그 사람을 고통으로 몰아넣게 된다.

'관리자'는 '추방자'들이 짊어지고 있는 고통이 넘쳐나게 되는 것을 피하기 위해 그들을 거실로부터 멀리 떼어놓으려 많은 노력을 기울인다.

주의력 방해자가 소방관이 될 때

앞서 언급하였듯이 '주의력 방해자'의 정상적인 기능은 특정한 종류의 고통을 차단하는 것이다. 그러나 **추방자**들의 경우, 그 고통이 너무 커서 보통의 '주의력 방해자'가 그것을 차단할 수가 없다. 그래서 '주의력 방해자'는 극단적인 형태를 취하게 된다. 쉬워츠는 이를 **소방관**이라 부른다. 그들이 완전히 의식의 거실을 장악하여 고통의 불을 끄기 때문이다.

소방관은 고통이 가까이 하지 못하도록 함으로써 시스템을 도우려 하고는 있지만 그들 스스로가 해로운 결과를 만들어낸다. **소방관**의 행동은 식욕부진과 폭식, 약물중독, 극단적인 성행위뿐만 아니라 **추방자**들이 지니고 있는 심리적인 고통을 잠정적으로 차단할 수 있는 자기파괴적인 행동들까지도 포함한다. 이 모든 행동들의 공통점은 그들이 감각적인 경험으로 완전히 거실을 채우고 있다는 것이다. 따

'관리자'들이 '추방자'들을 추방된 상태로 유지하는 것에 실패할 경우, '추방자'들의 고통스런 감정을 차단하기 위하여 '소방관'들은 종종 자기파괴적인 행동을 통해 거실을 장악한다.

라서 고통의 감정이 시스템 가운데 넘치게 할만한 공간적 여유를 남겨놓지 않는다. 이 **소방관** 전략의 문제점은 그 효과가 일시적이라는 사실이다. 자극 상태가 장기적으로 지속되지는 못한다. **소방관**이 탈진하게 되면 다시 살아난 **관리자**가 거실로 되돌아올 가능성이 높다. 이 **관리자**는 종종 **소방관** 행동에 대해 가혹한 판단과 비난을 퍼부으며 그런 일이 다시 일어나지 못하도록 단호한 결심을 하도록 만든다.

소방 활동의 예 : 폭식 사이클

흔한 **소방관** 패턴 중의 하나가 폭식이다. 리처드 쉬워츠가 IFS를 발견할 수 있었던 계기도 폭식 내담자와 작업하면서였다. 폭식은 문제행동을 시스템적인 맥락에서 볼 수 있는 방법을 제공하기 때문이다. 폭식은 또한 내면 시스템의 일부가 정상적인 일상 기능을 갖고 있다가 어떻게 극단적인 역할로 바뀌는가를 설명해주는 좋은 예가 된다.

폭식증이 있는 사람은 내면 시스템 안에 극단적으로 경직된 내면의 '비판자'를 가지고 있다. 이 '비판자'는 너무 강해서 거실의 대부분을 차지하고 있으며 끊임없이 그 사람을 완전무결한 상태로 몰아가고 있다.

다음 쪽 그림에서 볼 수 있듯이 이 십대 소녀의 '비판자/완벽주의자'는 극단적이다. 이 소녀는 벽에 '거의 아무것도 먹지 않기, 장거리 달리기, 많은 양의 체중 감량'과 같은 주간 목표를 적어놓았다. 그녀는 거울 안에 비치는 자기자신을 있는 그대로 정확하게 보는 것이 아니라 극단적인 '비판자'의 눈으로 보고 있다. 이것은 극단적인 내면의 '비판자'가 거실을 장악하면 우리가 스스로를 바라보는 방식까지도 왜곡시킨다.

각 부분이 어떻게 세상을 서로 다르게 보는가, 그리고 부분들이 극단적일 때 어떻게 그 사람의 인식을 심하게 왜곡시키는가를 생생하게 보여준다.

폭식증세가 있는 사람은 자신이 '비판자'의 기준을 맞추는 것이 도저히 불가능하다고 느낄 때 폭식을 시작하는 것으로 보인다.

무가치한 느낌이 거실로 밀려 들어오기 시작하고 **소방관**을 요청하는 경보가 울린다. 이 경우, 부름에 응하는 것은 우리의 '행복한 돼지'이다. 보통은 그가 맛있는 음식을 먹도록 돕는 일을 맡고 있지만, 그가 **소방관**의 역할로 부름을 받은 비상상황에서는 때로는 '주의력 방해자'의 역할을 담당한다. 그의 임무는 나쁜 감정들을 차단하기 위하여 거실 전체를 장악하는 것이다. '행복한 돼지'는 이제 도울 준비가 되어 있다.

그가 뛰어들 각오를 하자 내면의 '비판자'는 칼로리에 대해 무언가를 말한다. 그러나 이번에는 '반항자'가 **소방관**인 '행복한 돼지'와 제휴하고 나서며 다음과 같

'행복한 돼지'는 극단적인 '소방관'이 되어 거실을 장악함으로써 내면의 '비판자'에 의해 야기된 고통을 차단한다.

이 이야기한다. "나는 네 이야기를 전혀 듣고 싶지 않아." 그러고는 '행복한 돼지'가 자유로이 자기 임무를 수행할 수 있도록 '비판자'를 거실에서 밀어낸다.

아, 슬프다. '행복한 돼지' 마저도 오랫동안 먹을 수는 없다.

그가 중단하자, '비판자'는 다시 거실로 들어온다. 폭식자는 먹었던 음식을 토한 다음 후회하는 '행복한 돼지'와 함께 절망감에 털썩 주저앉는다. '행복한 돼지'는 자기가 돕고 있다고 생각하지만, 어쩐 일인지 생각대로 되지 않는다.

'반항자'는 내면의 '비판자'를 피하기 위해 애쓴다.

폭식을 한 후, 내면의 '비판자'가 장악하는 사이클은 계속 반복된다.

십대 소녀는 잠자리에 든다. 그녀가 아침에 깨어 일어나면, '비판자'는 또 다시 거실을 장악하고 그녀는 새로운 목표를 세운다.

이 자기파괴적인 사이클을 바꾸기 위해서는 이 모든 부분들 및 그들의 상호작용을 이해할 필요가 있다.

소인격체 클리닉을 통한 치유

IFS 치료는 사람들이 빠져 꼼짝 못하게 되는 이러한 반복 사이클에 대한 집중적이고 효과적인 치료 방법이다. 고도의 내적 양극성과 **추방자**들을 갖고 있는 사람은 노련한 IFS 치료사와 작업할 필요가 있다. 다음의 개요는 이 같은 내면역동에 대한 치료 진행 방법을 보여주고 있다.

첫 번째 과업은 시간을 들여 시스템에 **참자아**를 위한 공간을 마련하는 것이다. 이 단계에서 치료사는 **관리자**(이 경우, 이 사이클에 가장 많이 관여하는 '비판자')와 작업한다. 치료사는 내담자에게 마음속에 내면의 '비판자'를 상상해보면서 그 부분에 대해 어떻게 느끼는지 자각해보라고 한다. 이때, 내담자의 다양한 부분들이 반응한다. 예를 들면, '반항자'가 튀어나와 '비판자'가 시스템을 지나치게 힘들게 몰아가므로 자기가 너무나 지쳐 있다고 하소연할 수도 있다.

치료사가 '반항자'의 이야기를 경청하면서 그 부분도 역시 시스템을 도우려 하고 있다는 것을 인정한다. 그러고는 '반항자'에게 한 발짝 물러서서 '비판자'와의 작업을 지켜보라고 부탁한다. 그 후 치료사는 다시 내담자에게 '비판자'에 대해 어떻게 생각하느냐고 묻는다. 그때 '행복한 돼지'도 느닷없이 나타나 과로로 자신이 너무나 탈진해 있어 **추방자**들을 구석에 가두어놓을 수 없을 것 같다는 이야기를 할 수도 있다. 치료사는 그 이야기에 귀 기울이며 인정하고는 '행복한 돼지'에게도 뒤로 물러서거나 좀 떨어진 거리에서 작업을 지켜보라고 요청한다.

다시금 치료사는 내담자가 지금은 '비판자'를 어떻게 보고 있는지 물어본다. 아마도 '비판자'에 대한 이미지가 완화되어 내담자는 '비판자'를 좀더 이해하고자 하는 호기심을 갖게 될 수도 있다. 이 시점에서 치료사는 내담자의 **참자아**가 내면 작업을 할 수 있는 여유가 생겼다는 것을 알게 된다. 그러고는 '비판자'를 더 잘 알아가기 위하여 그가 지금 왜 그런 행동을 하는지 다음과 같이 묻는다. 당신('비판자')이 하던 일을 중단하게 되면, 무슨 일이 일어날까 봐 무서워하는가? 언제부터 그 사람을 위해 이런 일을 하기 시작하였는가?

'비판자'는 과거에 외상을 입었던 '상처받기 쉬운 부분'을 '보호하려는 부분'일 가능성이 높았으나, 이제는 그 '어린 아이 부분'과 함께 서서히 모습을 드러내게 된다. '비판자'는 아마도 그녀가 과거처럼 비판받으며 거절당하지 않도록 하기 위해 자신이 내담자에게 그토록 엄격하게 대했다고 이야기할 것이다. 이것이 실제로는 그녀의 '어린 아이 부분'에게 더욱 상처를 주었고 그 고통스런 기억이 시스템을 뒤덮게 하였다. 이제 치료사는 '비판자'의 긍정적인 의도를 인정하면서 그러한 보호전략이 실제로 왜 효과가 없었는지 '비판자'가 깨달을 수 있도록 도와준다. 흥미롭게도 이러한 보호적인 **관리자** 스스로가 결국 시스템에 해를 끼친다는 사실을 자각하지 못하는 경우가 흔하다. 그러고 나서 치료사는 '비판자'에게 묻는다. "'상처받기 쉬운 부분'을 안전하게 지킬 수 있는 다른 방법이 있다는 것을 알게 되면 당신의 전략을 바꿀 의사가 있습니까?" 이에 대한 대답은 보통 '그렇다'이지만, '비판자'가 여전히 의혹을 떨치지 못할 수도 있다. 보통 이 같은 **보호자**가 **참자아**를 신뢰하는 법을 배우기 위해서는 상당한 시간이 필요하다.

부분들은 내면 작업을 지켜보면서 신뢰감이 커진다. 따라서 다음 단계는 '비판자'에게 한 발짝 물러나 작업을 지켜보도록 요청하는 것이다. 일단 내담자가 **참자아** 상태에 있으면 치료사는 조심스럽게 **추방자**(이 경우, 무가치한 느낌을 품고 있는 '어린 부분')와의 작업을 시작할 수 있다.

'추방자'들은 조심스럽게 시스템으로 재통합시켜야 한다.

내담자가 **추방자**들과 가진 경험을 묘사한 오른쪽 그림은 **추방자**들을 향해 들고 있는 **참자아**의 등불을 보여주고 있다. 이 **추방자**들은 다양한 두려움을 품고 있다. 그들은 사랑하는 사람들의 기대에 미치지 못하면 과거처럼 버림을 받을까 봐 두려워할 수도 있다. 그들은 자신들이 경험했던 사건이 다시 발생하지 않도록 외상의 기억을 꼭 붙들고 있어야 한다고 믿고 있는지도 모른다. 소인격체 클리닉이 주는 유익은 치료사가 이것을 굳이 알아낼 필요가 없다는 것이다. 치료사는 내담자가 **참자아** 상태에 있도록 돕고 내담자의 **참자아**가 리드해가도록 질문 프로세스를 지원하기만 하면 된다. **참자아**는 '비판자'가 자신의 극단적인 역할에서 빠져나오도록 함으로써 **추방자**들과 작업을 할 수 있게 되고, 그 결과 **추방자**는 시스템을 위협하는 짐들로부터 해방될 수 있게 된다. 리드하고 있는 **참자아**와 함께 작업을 할 수 있으므로 프로세스가 진행될 수 있는 것이다. 이 프로세스를 지원하기 위해서는 훈련받은 경험 있는 치료사가 필요하다.

추방자들의 치유작업은 매우 치열하다. 경험 있는 치료사는, 시스템이 **참자아** 상태를 유지할 수 있는 자원들을 확보하기까지 **추방자**들을 내담자의 거실로 데려오지 않는다. 그렇지 않으면 그 작업 자체가 또 다른 '비판자'인 **소방관**을 차례로 촉발시키기 때문이다. 때때로 치료사들은 시스템을 **참자아** 상태로 안정화시키지 못하고 들쑤셔놓는 실수를 저지른다.

숙련된 IFS 치료사는 내담자가 **참자아**의 존재하에서 **추방자**들을 마주 대할 수 있도록 도와준다. 그렇게 함으로써 내담자가 고통에 휩싸이지 않으면서 **추방자**들의 이야기에 귀를 기울일 수 있게 된다. 치료사와 내담자의 **참자아**는 둘 다 이야기에 귀를 기울이며 **추방자**들에게 필요한 자원들을 동원한다. 내담자의 **참자아**와 **추방자**들 사이에 사랑의 대면이 이루어질 때가 치유 과정에서 가장 뜻깊은 순간이다. 이것은 종종 **추방자**가 **참자아**의 사랑 가운데 안겨 있는 느낌으로 나타난다.

추방자의 이야기를 듣고 나면 흔히 **추방자**가 상당히 무거운 짐을 지고 있다는 사실이 확연히 드러난다. 이 짐은 **추방자**가 짊어지고 있는 신념, 고통 혹은 상처일 수 있다. 소인격체 클리닉을 통해 이 짐들과 신념들을 내려놓거나 마지막 단계로 변화시킬 수 있다.

짐 내려놓기

조앤이라고 하는 한 내담자는 치료 과정 중에 자신의 흠을 끊임없이 들추어내는 엄마의 습관으로 인해 자신의 '작은 소녀'가 충격의 짐을 지고 있다는 사실을 발견하였다. 그녀는 어릴 적에 엄마의 자기애적 욕구를 충족시키기 위해 늘 자신의 인정받고 싶은 욕구를 2순위로 밀어놓았다. 그렇지 않으면 벌을 받았다.

내면적으로는 자기애적 엄마에게 꼼짝 못하게 묶인 채로, 이 '작은 소녀'는 엄마의 비판으로부터 나온 짐인 타르한 자루를 짊어지고 있다.

'작은 소녀'의 이 같은 경험은 마치 그녀를 덮고 있는 타르 같았다. '작은 소녀'는 짐 내려놓기 첫 단계에서 타르를 모으기는 했으나 짊어지고 있기에는 여전히 힘들었다.

한 회기에서 나는 그녀에게 이 짐들을 내려놓을 준비가 되었는가 물었다. 전에는 엄마의 사랑을 잃으면 어떻게 하나 두려워하였기 때문에 그리 할 수가 없었다. 엄마에게 묶인 사슬로부터 해방되기 전에는 그 짐들을 내려놓을 수 없었다. 아직도 엄마와의 연결 끈이 필요하다고 생각하였다. 하지만 그녀는 **참자아**가 리더십을 가지고 자신의 어른 자아가 가진 모든 자원을 자각하게 되면서 엄마의 자기애라는 과거 경험에 자신을 묶어놓고 있는 사슬로부터 이제는 해방될 수 있음을 깨닫게 되었다.

나는 그녀에게 그 타르를 어떻게 하고 싶냐고 물었다. 그녀는 타르를 자갈과 섞어 도로포장을 하고 싶다고 하며 그렇게 하는 모습을 머릿속에 그렸다. 이것은 치유 여정의 시작이었다. 해야 할 일도 많고 저 깊이 묻혀 있어 회복시켜야 할 **추방자**들도 많았지만 그녀는 어릴 적에 짊어졌던 타르로부터 자신을 해방시킬 수 있었다. 그리고 치유의 길로 향할 수 있었다.

이 고통스런 기억들을 품고 있는 '상처받기 쉬운 부분'이 자신의 짐들을 일단 내려놓은 다음에는 다시 시스템의 일부가 될 수 있다. 치료사는 **추방자**가 짐을 내려놓고 복귀하면, 다른 부분들과 함께 제자리를 찾도록 시간을 갖고 내담자의 전체 시스템이 균형을 회복하도록 도와야 한다. 시스템의 한 부분이 바뀔 때마다 시스템의 전체 균형이 변하는 것은 살아 있는 시스템의 본질적 특성이다. 그러므로 **추방자**가 복귀하며 적응할 때는 반드시 전체 시스템이 고려되어야 한다.

소방관 및 **추방자**들과의 작업은 외상을 경험한 사람들의 치유 과정에서 핵심에 해당한다. 이 강한 역동을 효과적으로 작업하기 위해서는 IFS 치료분야의 특수 훈련과 경험이 필요하다.

내담자를 짐에서 해방시킨 후 그들은 더 깊은 치유의 길로 향하였다.

많은 경우, 우리는 매일의 삶에서 '주의력 방해자'를 파악할 수 있다. 그리고 이 '주의력 방해자'가 우리 시스템에게 최선의 도움을 가져다주는 전략을 가지고 행동하는지를 평가함으로써 유익을 얻을 수 있다. 물론, 긴 하루를 끝내고 TV를 보는 것, '행복한 돼지'의 허기를 채우려고 먹거나 마시는 것이 문제가 되는 것은 아니다. 어떤 활동들은 우리에게 기분전환과 함께 활력을 불어넣기도 하지만 어떤 것들은 그렇지 못하다. 오늘날 넘쳐나는 소비용품과 오락들이 손가락 끝에 있기 때문에 우리는 자동적으로 주의력이 방해를 받는다. 이것이 우리에게 잠깐의 쉼을 줄 수는 있지만, 시스템이 필요로 하는 전체적인 새로움을 주지는 못한다. 다음의 연습을 통해 자동적이고 큰 도움이 되지 못하는 주의력 방해 행동을 어떻게 진정으로 회복시키는 활동으로 바꿀 수 있는지 탐색해보도록 한다.

주의력 방해자 자각하기

1. 당신의 보통의 하루에 대해 생각해보자. 어떤 순간에 자동적인 '주의력 방해자'가 되는 자신을 발견하는가? 아침에 라디오를 켜는가? 무엇을 먹으면서 신문을 읽는가?

2. 틈이 날 때, 의식의 빈 공간을 바라보자. 당신은 그것들을 무엇으로 채우는가?

3. 당신이 가지고 있는 가장 흔한 '주의력 방해자'를 열거해보자. 그것들의 기능은 무엇이라고 생각하는가?

4. '주의력 방해자'를 유도하는 습관적인 사고 패턴에 대해 되돌아보자. 이 생각들 안에 있는 메시지를 적어보자. 이 메시지를 나중에 꺼내볼 수 있는 장소에 저장하고, '메시지를 보내는 부분'을 안심시키자.

5. 이제 진정으로 당신의 긴장을 풀 수 있게 하는 것에 대해 생각해보자. 당신으로 하여금 하루의 긴장을 내려놓고 기분전환이 되도록 하는 것은 무엇인가?

6. 이 긴장이 풀리는 순간을 과연 효과가 덜한 주의력 방해 활동으로 대체할 수 있겠는가? 시험 삼아 해보고 그 효과를 느껴본 후, 그 효과로 결정해보자.

제8장

영성과 소인격체 클리닉

“영혼으로 들어가는 창문”

IFS 개발 초기, 리처드 쉬워츠는 그가 전에 발견했던 것들과는 본질적으로 다른 부분들을 찾아내기 시작하였다. 그는 이것들을 **안내자**라고 불렀다. 왜냐하면 그 부분은 내담자의 내면 시스템에 지혜와 안내를 제공하고 있었기 때문이다.

안내자와의 첫 번째 대면은 내가 IFS 치료를 진행하고 있던 초기인, 지금으로부터 거의 20여 년 전에 이루어졌다. 한 회기에서 ‘마사’라고 하는 내담자가, 추방된 ‘어린 아이’를 비추는 빛의 이미지를 경험하였다. 이 빛은 그녀의 시스템이 추방된 ‘어린 아이’를 안전하게 수용할 때까지 오랜 세월 동안 보호해온듯하였다. 이 ‘어린 아이’가 마사의 시스템 안에서 자신의 위치를 찾으며 다른 부분들이 이 새로운 존재에 적응하도록 돕기 위해서는 상당한 시간이 필요하였다. 내가 충격을 받은 것은 그녀의 정신 세계에 ‘상처받기 쉬운 부분’이 빛 가운데로 피할 수 있도록 보호해주는 메커니즘을 갖고 있다는 사실이었다.

우리가 이 단계를 끝내자 빛은 되돌아갔다. 내게서 IFS 모델을 훈련받고 있었던 조수 낸시가 마사를 다독이며 그 빛이 무엇이냐고 물었다. 마사는 한참을 말 없이 있다가 조심스럽게 말했다. “창문… 영혼으로 들어가는 창문 같았어요.” 나중에 그녀는 마치 자신이 하나님의 얼굴을 들여다보는 것 같았다고 하였다. 상당한 시간이 흐르자 그녀는 깊이 감동받아, 행복에 가득 찬 눈물을 흘리기까지 하였다.

낸시와 나는 우리가 목격한 사실에 너무나도 놀랐다. 나는 오랫동안 영성과 심리치료의 통합에 관심을 쏟고 있었으며, 이를 위한 최선의 방법이 무엇인지 찾으려 애를 쓰고 있었다. 한 내담자가 동네 보건소 안에 있는 내 사무실에서 뜻밖의 자연스런 현현(하나님의 나타나심)을 경험하였다고 했을 때 내가 받은 충격은 상상을 초월하는 것이었다.

그때까지 내담자들과 작업하면서 나는 전문가의 상식으로 항상 영성과 심리치료를 별개의 것으로 간주하였다. 사람들이 정신건강 클리닉에 오는 경우, 나는 속으로 그들이 세속적인 서비스를 찾고 있는 것이라고 생각하였다. 그렇지 않다면 그들은 신앙 관련 상담기관으로 발길을 옮겼을 것이다. 그러나 한편으로 내담자의 영적 삶을 연결시키지 않고 있기에 내가 강력한 내적 자원을 간과하고 있다는 느낌을 지울 수 없었다. 이러한 상황 속에서 목격한 마사의 경험은 너무나 뜻밖이었다. 게다가 특기할만한 것은 그것이 내 편에서 영성과 심리치료를 의도적으로 통합시킴으로써 얻은 결과가 아니라는 사실이었다. 내담자 자신의 내면 작업으로 자연스럽게 솟아난 것이었다.

지금까지의 내 경험에 비추어 봤을 때 영적인 자원들은 종종 활용 가능한 내면 작업의 중요한 일부이다. 이 영적 자원들 혹은 **안내자**는 여러 가지 형태로 나타날 수 있다. 그리고 이들은 보통 상호교류적인 삶의 존재로서 경험되며 특별하지 않은 추상적 존재나 빛의 형태를 취할 수도 있고 좀더 구체적으로 현자 혹은 예수나 소피아 같은 종교적인 인물로서 나타날 수도 있다. 이 **안내자**의 성품은 항상 지혜롭고 사랑이 넘친다. 흥미로운 것은 그들이 활동할 수 있더라도 일반적으로 작업에 초대받아 참여할 수 있게 되기까지 기다린다는 사실이다.

영혼으로 들어가는 창문

이어지는 내용은 내가 지금까지 서술하였던 회기 끝부분에서 발췌한 축어록이다. 조수인 낸시와 함께 내담자 마사와 작업하고 있는 장면이다. 회기 초기에 마사는 자신의 어떤 부분들이 방 안에 갇혀 있는 모습을 머릿속에 그렸다. 빛의 이미지가 나타나자 그곳에서 조그마한 '어린 아이'가 모습을 드러내었다. 이 '어린 아이'와 작업하는 과정에서 마사는 그동안 억압되었던, 자신이 어렸을 때 겪은 가슴 아픈 외상의 기억이 떠올랐다. 나는 마사에게 그 '어린 아이'가 필요로 하는 것이 무엇인지, 그리고 그 필요가 어떻게 하면 채워질 수 있는지 찾아보라고 하였다. 이 프로세스는 매끄럽게 진행되었고 '어린 아이'는 편안함을 느끼게 되었다.

마사가 계속하여 말하길, 자기 가슴을 관통하는 투명한 형체가 있는 것 같은데, 그것은 그 아이의 모습을 비추었던 빛과 꼭 같다고 하였다. 조수 낸시는 그 부분에게 이름을 붙일 수 있겠냐고 물었다. 그러고는 다음과 같은 대화가 이어졌다.

마사 : "네… 창문… 영혼으로 들어가는 창문… 빛 외에는 아무것도 보이지 않아요."

낸시 : "그 빛이 음성을 가지고 있나요?"

마사 : "네, 그 음성이 '물어보세요'라고 말하네요." (마사는 그 외상 입은 '어린 아이'를 위해 자신이 해야 할 일이 더 있는지 그 내면의 음성에게 물었다.) "그 음성이 내게 이렇게 대답하더군요. '우리가 그 어린 아이를 보았는데, 그 외상적 사건 안에 갇혀 있지 않으려 해요.… 다시 그 사건 안으로 도로 들어갈 필요는 없지요.' 내가 그 이야기를 재차 확인했어요… 그랬더니 그 음성이 이러더군요. '원하시면 다시 돌아가셔도 돼요. 그러나 상황이 지금보다 더 나아지지는 않을 거예요…. 더 이상 달라질 것은 없어요. 스스로를 믿으세요…. 이젠 나아갈 시간이에요.' 그러면서 이랬어요. '당신은 스스로에게 힘을 불어넣어 줄 수 있어요.… 두려워할 필요가 없어요.'"

종종 소인격체 클리닉은 영적 삶으로 들어가는 창문과 같다.

(긴 침묵이 흐른다… 감정이 솟구치는 목소리로)

"그건… 그건 마치 하나님을 바라보고 있는 것 같아요… 그냥 부어져 내려오고 있어요… 파이프를 통해서 내게로 바로 부어지고 있는 것 같아요…"

낸시 : "느낌이 어때요?"

마사 : "가슴이 벅차요…. 이런 일이 일어나고 있다는 것이 믿어지지 않아요. 감동일 뿐이에요…. 이것이 우리 안에 계신 하나님인가요?"

(긴 침묵이 흐른다.)

톰 : "그런 느낌을 유지한 채로… 다른 부분들을 찾아가 만나보시겠어요?" (그녀의 다른 부분들이 방에서 기다리고 있다.)

마사 : "내가 다시 초점을 그들에게 맞추었을 때… 그들은 모두 조용조용히 이야기하고 있었어요. 내가 방에 들어서자 그들은 갑자기 쥐 죽은듯 조용해졌어요. 마치 그들은 두려움 가운데 있는 것 같았어요..… '힘'이란 단어가 머리속에 떠올랐으나 그들은 무서워하지 않았어요… 한 목소리가 이야기하더군요.… '그녀는 진실을 알고 있어요.'"

(울면서)

"내면 어딘가에서 들려오는 목소리가 있어요… 하나님의 음성인가 봐요. 이렇게 이야기 하네요……'모든 해답이 내 안에 있어…. 그리고 나는 정말로 멋진 피조물이야.'"

(감정이 북받쳐 멈춘다.)

"내게 엄청난 사랑과 평화가 느껴져요… 그리고 그 음성이 계속 이렇게 이야기하고 있어요… '괜찮아. 그냥 계속해서 그것을 느껴봐….' 나는 이제 약간 압도되는 것 같아요… 신뢰라는 단어가 계속 떠오르네요. 그리고 사랑.… 그건… '사랑 가운데 머물러 있어. 사랑 안에… 그것을 느끼고 거기서부터 당신의 삶을 살도록 해.' 그것이 내가 이해한 전부예요.… 그것이 해답이고 모든 것을 푸는 열쇠예요."

(오랫동안 멈춘다.)

톰 : "이 시점에서 하고 싶은 이야기가 있나요?"

마사 : "자애로운 **참자아**가 방금 이야기했어요. '고마워요'라고. 팔을 뻗어 내 이마에 손을 대고는… 이렇게 이야기했어요.. '고마워요…' 정말로 평화와 사랑

이었어요."

이 회기 후 나는 치료 중에 이와 유사한 대면을 경험하는 내담자들을 자주 보아오고 있다. 이것들은 내 인생에서 가장 감동적이고 의미 있는 경험이었다. 이 같은 순간에는, 항상 존재하지만 지금까지 잊고 있던 커다란 사랑의 존재와 닿아 있는 것 같은 느낌이 든다. 어쨌든 치료 과정의 한 순간에 경험하는 이 같은 깊고 자애로운 사랑을 가진 존재는 즉각적인 현실이 되었다. 이제는 어떻게 내가 다른 치료사들을 깨어나게 하여 이 존재를 치료 과정 가운데 초청할 수 있도록 잘 훈련시킬 수 있는가가 나의 교육과 훈련의 중요한 초점이 되었다.

모든 사람에게는 내적 치유자원이 있다. 소인격체 클리닉은 우리가 그들에게 접근할 수 있도록 도와준다.

중요한 질문은 이러한 영적 대면이 내담자의 일상적 삶에 본질적으로 어떤 영향을 끼치는가 하는 것이다. 매일의 삶과는 동떨어진 절정 경험과 같은 것인가? 아니면 그 사람의 내면 시스템을 상당히 의미 있게 변화시키는 것인가? 이러한 **안내자**와 대면한 후 마사에게 찾아온 변화는 다른 사람들에게서도 관찰되었다. 순간적인 '열반'이란 것은 존재하지 않는다. 모든 문제들이 해결될 수는 없다. 그러나 그 사람이 이러한 경험을 한 후에는 **참자아**에 더욱 자주 접근하게 되고 내면 작업뿐 아니라 외면 작업에서도 빠른 변화를 가져온다. 마사는 그 다음 회기에서 인격적 통합이라는 유익을 얻을 수 있었다. 그녀는 오랫동안 묶여 있던 파괴적인 인간관계로부터 서서히 벗어났고, 새롭고 균형 잡힌 인간관계를 형성하기 시작하였다.

마사의 작업이 가져다준 커다란 선물은 치유력의 내적 자원이 우리 모두의 내면에서도 발견된다는 사실을 분명하고도 극적인 방법으로 보여준 것이다. 내가 치료법에서 가장 중요시하는 것은 사람들로 하여금 그 자원들에게 접근할 수 있도록 돕는 것이다.

영적인 경험들의 본성

마사와의 회기가 끝난 후 나의 첫 번째 작업은 나 자신에 대한 소인격체 클리닉에서 이러한 경험을 체험할 수 있는지를 알아보는 것이었다. 나는 배우고 있는 치료모델을 속속들이 알기 위해서는 그 모델을 이용하여 치료받는 것이 좋다고 늘 믿어왔다. 마사만큼 강력하고, 극적이며, 분명하지는 못하였지만 나도 역시 소인격체 클리닉에서 **안내자**와 대면하는 경험을 하였다. 어떤 면에서는 더 일반적인 형태라 할 수 있었다. 나는 빛처럼 보이는 무언가에 연결되는 경험을 하였고 그 이미지에 연결되어 있는 동안 놀랍고도 평화로운 느낌을 가졌다. 이 이미지에게 나를 위해 안내를 해줄 수 있냐고 물었더니 "당신은 자각을 가지고 호흡을 하기만 하시오. 그러면 내가 당신과 함께 있게 될 것이오."라고 대답하였다. 이것은 극적인 현현은 아니었으나 놀랍고도 심오한 충고였다. **안내자**와의 대면은 다소 극적일 수는 있으나 일반적으로 상당히 깊은 의미를 내포하고 있다. 한 가지는 분명하다. 각 사람의 경험은 독특하기 때문에 내면 **안내자**가 어떻게 펼쳐 보여줄 것인가에 대해 미리 기대하지 않는 것이 중요하다는 사실이다.

이 초기에 경험한 사건들 이후로 나는 내담자들로 하여금 자신들의 영적 삶을 탐색하도록 적극적으로 초대하기 시작하였다. 작업의 속도를 높이고 치료 자체의 효과를 증대시킬 뿐만 아니라 내담자들이 치료 과정 중에 영적으로 하나됨을 경험함으로써, 그들의 전반적인 영적 삶에 긍정적인 영향을 끼쳐서 매일의 삶 가운데 생명력이 되살아나고 깊은 개인적 의미를 가져다주고 있다.

치유의 존재

셰릴이라는 또 다른 내담자는 상당히 보수적인 기독교인이었다. 치료 과정을 도우며 나는 그녀에게 내면의 영적 **안내자**를 구해보라고 하였다. 그것이 그녀 삶의 중요한 측면이라는 것을 알았기 때문이다. 그녀는 아주 쉽게 예수의 이미지를 이야기하였고 그분의 존재 안에서 큰 평안을 느꼈다. 치료 과정 중에 나는 종종 그녀가 압도당하는 느낌을 갖게 되거나 **안내자**가 필요할 때면 예수를 부르라고 하였다.

셰릴이 갖고 있는 고통스런 심리적 갈등 중의 하나는 그녀가 젊었을 때 낙태를 했었다는 사실이었다. 우리의 이미지 작업에서 그녀가 낙태의 기억과 대면하자 그녀는 죄책감에 눌리고 '판단자'에 압도당하면서 **참자아**는 기능하지 못하였다. 나는 이때 그녀가 가졌던 내적 갈등을 기억한다. 교회로부터 정죄 당하는 느낌을 많이 갖고 있을 때 예수의 도우심을 구해보라고 하는 이야기에 나름 의구심이 없지 않았다. 하지만 예수가 나타나면서 사랑스런 공감과 지혜가 넘치는 경험을 한 적이 있었다고 이야기하곤 하였다. 나는 이것이 올바른 길이라고 생각하고는 그녀에게 예수께 도와달라고 요청해보라고 하였다. 그녀는 그렇게 하고 싶었다.

내면 '안내자'의 모습 혹은 본성은 각 사람마다 독특하다.

셰릴은 낙태의 경험을 갖고 있는 자신의 '젊은 여인'을 달래고 계시는 예수의 이미지가 떠오른다고 하였다. 이 '젊은 여인'은 자신이 저지른 일에 대해 괴로워하고 있었다. 셰릴은 예수께서 가슴에 품고 있는 아이의 이미지를 자기에게 보여주며 아이가 당신과 함께 있으니 안심하라고 하시고는, '젊은 여인'을 그녀가 경험했던 외상으로부터 회복할 수 있는 치유의 장소로 데려갔다고 하였다. 낙태에 대한 그녀의 죄책감에 대해 해야 할 작업이 남아 있었으나, 가슴을 찢는 강박

관념은 가라앉았고 예수께서 함께하시며 남은 작업을 도우셨다.

참자아 에너지의 전이

나중 회기에서 셰릴은 우리가 하던 작업을 중단하고 예수께서 당신의 말을 들으라고 하신다고 했다. 내 경험으로는 이것이 그리 흔한 경우는 아니다. 내면 **안내자**는 초대받아 들어갈 때까지 기다리는 것이 보통이다. 셰릴의 경우 예수께서는 그녀에게 만찬을 베풀고 싶어하셨다. 그녀는 그분이 이렇게 말씀하셨다고 하였다. "이것은 내 몸이니 나를 기념하여 먹으라." 그리고 그분의 피도 기념하여 마시라고 하였다. 그것은 깊은 감동의 경험이었고 그 영향은 놀라웠다. 그때까지 셰릴은 예수께서 함께하시는 이미지가 없는 상태에서 **참자아**의 본질을 경험하는 것이 쉽지 않았다. 이 회기가 끝난 후 그녀는 **참자아**의 본질을 자신의 시스템 속에 품게 되었고 그 본질은 그녀의 삶 가운데 함께 하게 되었다.

이 사건으로부터 나는 주의 만찬 경험을 어떻게 바라보는가에 대해 새로운 이해를 갖게 되었다. 아마도 영적 인물은 집약된 **참자아** 에너지를 나타내는 것일지 모른다. 주의 만찬은 이 **참자아** 에너지가 하늘의 큰 **참자아**로부터 우리의 개인적인 **참자아**로 전이되는 하나의 프로세스로 볼 수도 있다.

안내자들에 대한 몇 가지 주의사항

'수'라는 이름의 치료사와 진행한 소인격체 클리닉으로부터 **안내자**에 대한 또 다른 통찰을 얻게 되었다. 혹시 내면에 영적 **안내자**가 있는가 하는 질문을 받자 그녀는 종교적인 인물이 아니라 자신의 주위 분위기를 평화롭게 변화시키는 '빛나는 구(공)'에 대해 이야기하였다. 이 '빛나는 구'와 가진 경험을 통하여, 이러한 종류의 내적 힘과 작업할 때는 그 가운데 몇 가지 위험요인이 내재하고 있음을 깨닫게 되었다.

그녀는 자신이 '공연자'라고 이름 지은 부분과 작업하고 있었다. 그 '공연자'는 긴 쇠막대 위에서 균형 잡는 묘기를 하듯이 위험을 무릅쓰면서 전문인의 삶이 요구하는 모든 것을 요술부리듯이 능숙하게 해냈다. 그러나 이 묘기를 유지하기 위해 필요한 노력과 염려가 계속되는 동안 수의 다른 부분들은 탈진해가고 있었다. 내면 대화를 통하여 '공연자'는 긴 쇠막대 묘기를 그만두기로 합의하였다. 하지만 그 후에 이 부분은 우울증으로 빠져들었다. 그 부분이 변화에 적응하면서 새롭고 좀 더 균형 잡힌 역할을 찾을 수 있도록 도와주려고, 그녀는 '빛나는 구'를 가져와 '공연자'와 함께 있도록 하였다. 이것은 놀랍도록 큰 변화를 가져왔고, '공연자'는 새로워졌을 뿐 아니라 실제로 거의 초인간적인 힘을 가지게 되었다. 그러나 이것은 수의 다른 부분들에게 오히려 공포심을 불러일으켰다. 나는 이 두려움이 염려되었고 이것이 어떻게 전개될 것인지에 대한 호기심이 고개를 들었으나, 회기가 거의 끝나가고 있었기에 이 시점에서 작업을 마칠 수밖에 없었다.

이 '공연자'는 자신이 즉각적으로 손쉽게 모든 것을 할 수 있다고 생각하였으나, 사실은 그 사람의 내면 시스템에 커다란 스트레스를 유발하고 있었다.

수가 그 다음 주에 내 사무실을 찾았을 때는 매우 활력이 넘치게 되었다고 이야기하였다. 그렇지만 문제가 될만한 몇 가지 인간관계를 토로하였기에 그것을 다루어야 할 필요를 느꼈다. 이 작업 과정에서 우리는 '우리에 갇힌 곰' 같아 보이는 '화난 부분'을 파악하게 되었고 우리가 '우리에 갇힌 곰'과 대화를 시작하면서 전체 이미지가 갑자기 증발해버렸다. 부분들이 사라지는 것은 보통 다른 부분들이 그 부분이 들어오지 못하도록 차단해버리거나 프로세스를 중지시키기 때문이다. 내담자로 하여금 이미지를 중단시키고 있는 부분들이 어떤 것이 있는지 체크하도록 하는 것이 표준작업이다. 그녀는 자신의 내면을 체크해보니, '공연자'가 득의양양하게 등장하여서는 '분노' 같은 쩨쩨한 감정을 다룰 필요가 없다고 생각하여 자기가 임의로 이미지를 중단시켰다고 하였다. '공연자'가 시스템을 자의로 통제한 것이다!

그러자 수의 모든 부분들은 '공연자'가 자신들을 얼마나 내몰고 일주일 동안 자신들에게 조그만 여유 하나 주지 않았는지 불평하기 시작하였다. 그녀는 이 '불만이 가득한 부분'과 회의를 갖고, '공연자'로부터 '빛나는 구'를 떼어놓기로 결정하였다. 그렇게 하면서 시스템은 균형을 되찾았으나 '공연자'가 자신의 축소된 역할에 제대로 적응하기 위해서는 추가적인 작업이 필요하였다.

이 경험은 '야망적인 부분'과 '완벽주의자'에게는 '영적인' 에너지 주입이 일반적으로 건강치 못한 방향으로 나아가도록 만든다는 사실을 잘 보여주고 있다. 아마도 이러한 이유로 꽤 많은 카리스마적 영적 지도자들이 — 그들이 기독교인이든, 힌두교인이든, 이슬람교도이든 — 자신들이 설교하는 메시지와 걸맞지 않게 방탕하거나 착취적인 생활 양식을 영위하며 때때로 일상생활에서 그토록 균형 잃은 삶을 사는 것으로 보인다. 영적인 에너지가 '투사', '비판자', 혹은 '완벽주의자'와 결합될 때에는 그 사람이 자신의 인성을 초월하여 하나님 같은 성품을 취하고자 하기 때문에 이 시스템 가운데 커다란 불균형을 초래할 수 있다. 순수한 영적 성품들이 **참자아**를 통하여 들어올 때 그 사람은 자신의 모든 부분들을 수용하고 보듬어 안을 수 있으며 조화로운 협력이 일어난다는 것을 나는 경험하였다. 이 프로세스를 통하여 시스템은 초월과 매일의 삶의 균형을 경험할 수 있게 된다.

안내자가 안내자가 아닐 경우

수의 내면의 '빛나는 구'와의 작업으로부터 얻는 또 하나의 중요한 교훈이 있다. 어느 한 시점에서 '빛나는 구'가 나타났으나 요구 사항이 많고 지시적이었다. 이것은 권위 있는 **안내자**가 보이는 정상적 행동이라고 볼 수는 없다. 그들은 몇 가지 방법으로 확증해주고 지원은 하지만, 일반적으로 그 사람에 대해 '어떤 계획적 의도'를 갖고 있지는 않는다.

처음엔 영적 '안내자'로 보이는 것이 상당히 다른 것으로 나타날 수도 있다.

이 괴리 때문에 나는 의심을 품고 이 '빛나는 구'인 **안내자**를 살펴보기로 결심하였다. 나는 수에게, 그것이 무엇인지 물어보라고 하였다. 그녀가 질문하니, 한 '개구쟁이'가 갑자기 빛으로부터 뛰어나왔다. 그 부분은 그녀의 주의를 끌 수 있는 유일한 방법이 그것뿐이었기 때문에 자신이 빛으로 위장했다고 하였다. 이것은 내면세계의 높은 영적 측면만을 가치 있게 여기게 되면, 그로 말미암아 잠재적인 불균형이 발생할 수 있음을 보여준다. 즉 모든 부분들은 가치 있는 존재들이며 겉모습과 항상 동일하지는 않다는 것을 기억할 필요가 있다.

'보호자'는 종종 많은 인정을 받고 안심한 다음에야 한 발자국 뒤로 물러난다.

안내자들의 변화시키는 힘

영적 **안내자**가 극단적인 부분들을 변화시킬 수 있는 역량을 가지고 있음은 조앤과의 작업에서 볼 수 있다. 앞에서 조앤은 휴식과 질병으로부터의 치유가 필요한데도 지칠 줄 모르고 그녀를 몰아부치는 '투사'라 불리는 부분과 작업하였다. 이 같은 몰아 부치기를 중단할 경우 조앤에게 어떤 일이 일어날까 봐 두려워하는지 '투사'에게 물어보았다. '투사'는 조앤이 죽을까 봐 두렵다고 하였다. '투사'는 자신이 실제로 조앤을 살아 있도록 만들고 있다고 믿었다. 실제로 '투사'는 조앤이 생명을 위협하는 많은 위기 가운데서 헤쳐나오도록 도왔고 '투사'는 내가 이것을 충분히 이해해주기를 바랐다.

'투사'가 자신이 베푼 행동을 인정받는 것은 중요하였다. 우리가 그 부분을 인정하자, 그녀는 다소 긴장을 풀었다. 여전히 '투사'는 **추방자**를 '환자'라 부르면서 **추방자**와의 대화를 가로막으려 하였다. '투사'는 의식의 거실을 포기하지 않으려 하였다. '투사'는 시스템의 생존이 자신의 통제 유지에 달려 있다고 확신하였다. 흔히 너무 힘들게 일하고 무거운 짐을 져야만 했던 **보호자**에게서 이런 모습을 볼 수 있다.

회기 초기에 나는 조앤과 그녀의 내면 영적 자원들에 대해 이야기하면서 소피아라고 부르는 그녀의 영적 **안내자**를 설명하였다. '투사'는 한 발자국 물러서 **참자아**에게 여유를 주는 것을 내켜 하지 않았다. 그래서 나는 조앤에게 안전하게 치유하고 싶다면 자신의 부분들을 모은 다음 영적인 자원을 이 성스런 장소로 초대하라고 제안하였다. 그러자 소피아가 나타나 조앤의 부분들에게 빙 둘러서서 원을 그려보라고 하였다. 소피아는 그들이 엄청난 감정에 압도당하지 않을 것이고 이러한 작업은 시스템의 유익을 위한 것이라고 하며 부분들을 안심시켰다. 소피아의 등장은 '투사'의 경직된 태도를 누그러뜨렸다. 마침내 '투사'는 그 '환자'로 하여금 이야기를 할 수 있도록 허락하였다. '환자'는 자신의 고통에 대해 할 말이 많았다. 소피아가 '투사'를 비롯한 다른 부분들이 이 '환자'를 받아들이고 돌보는 것이 중요한 작업임을 깨닫게 하는 데 상당한 시간이 걸렸다. 아이러니컬하게도 '환자'가 조앤의 몸이었음에도 불구하고 자신의 존재를 위하여 또 다른 자신의 몸, '투사'에 의지한 것이다! 결국 '투사'가 이해는 하였지만 소피아가 모든 부분들

내면의 '안내자'들은 시스템을 도와 '추방자'들이 안전하게 시스템 내에 정착할 수 있도록 한다.

에게 그 '환자'를 원 안으로 맞아들여 서로 손을 잡으라고 했을 때 '투사'는 '환자'와 손잡기를 거부하였다. 소피아는 웃으며 물었다. "누가 이 소녀의 손을 잡을까요?" 조앤의 '양육자'와 '순진한 소녀'가 나섰다. 그들은 '환자'의 손을 잡아 원 안으로 끌어들였다.

이 회기를 끝낸 후, 몇 주 동안은 '환자'의 등장이 다른 부분들에게 어떤 영향을 미치는가가 회기의 주된 주제가 되었다. 그녀의 시스템이 다시 균형을 찾기까지는 상당한 시간이 필요하였다. 조앤은 자신의 몸이 쉴 수 있는 시간을 가지면서 전처럼 자신을 몰아부치지 않았다. 그러자 그녀의 '비판자'가 그녀를 게으르며 무가치하다고 꾸짖기 시작하였다. 조앤이 다음 회기에 왔을 때 그녀의 시스템 내 다른 부분들은 '비판자'를 극도로 혐오하여 시스템 안으로 발을 들여놓지 못하게 하였다.

어떤 부분들은 '추방자'가 되돌아오는 것을 달가워하지 않는다.

조앤이 먼저 회기에서 발견하였던 '수도사'가 모든 부분들에게 내면의 화합을 위해 힘을 모으면 어떻겠느냐고 제안하였다. 부분들은 매우 좋아하면서도 '비판자'만큼은 같이할 수 없다고 생각하였다. 하지만 내면 시스템에 대한 경험을 통하여 한 부분을 배제하는 것이 오히려 역효과라는 것을 배웠다. '배척 받고 있는 부분'이 자신의 자연스런 위치를 찾을 수 있도록 그 부분이 시스템을 위해 할 수 있는 것이 무엇인지를 알아내는 일에 모든 노력을 기울여야 한다. 나는 내면의 화합을 추구하기에 앞서 '비판자'를 이해하려고 노력하는 것이 가치 있는 일이라는 것을 다른 부분들에게 확신시키기 시작하였다. '비판자'가 시스템을 위해 어떤 역할을 해왔는지를 탐색하는 과정에서 그녀가 외부로부터 받는 (어렸을 적부터 그녀를 황폐하게 만들어왔던) 엄한 비판으로부터 조앤을 보호하려고 했다는 사실이 분명해졌다. '비판자'는 만약 조앤이 완벽해진다면 다른 사람들로부터 그녀가 비판을 받지도, 상

처를 받지도 않을 것이라고 믿었다. '비판자'는 조앤이 완벽해지기를 원했다. 원래 의도는 그녀 자신을 위한 것이었다!

나는 '비판자'에게 조앤을 끊임없이 비판만 하지 말고, 어떻게 하면 상처받지 않도록 할 수 있는지, 덜 까칠하게 대하자는 생각을 해본 적이 있는지 물어보았다. '비판자'는 한번 그렇게 해보겠다고 하면서 자신이 너무 오랫동안 이 짐을 짊어지고 있어서 탈진하였다고 하였다. 다른 방법이 있다면 자신도 홀가분해져 좋겠다고 하였다. 그러나 한편으론 이것이 '비판자'인 자신이 더 이상 필요치 않다는 이야기가 되는 것은 아닌지 두려워하였다. 이것은 특히 무거운 짐들을 지금까지 짊어지고 왔던 **관리자**와 **보호자**들에게서 흔히 볼 수 있는 두려움이다. 나는 '비판자'인 그녀가 늘 할만한 역할이 있을 것이며 단지 형태는 다를 수 있다고 안심시켰다. 그러자 '비판자'의 태도는 상당히 누그러졌다.

내면 '비판자'와 '작은 침례교인 소녀'는 비판적인 부모와 교회의 기대를 한마디도 놓치지 않고 받아들였다.

이 시점에서 또 다른 부분이 모습을 드러내었다. 조앤은 이 부분을 '작은 침례교인 소녀'라 불렀다. 이 부분은 '비판자'와 한편인 듯이 보였고 조앤의 어떤 면이 옳고 어떤 면이 옳지 않은지에 대해 분명한 생각을 가지고 있었다. 보수적인 침례교 교인들로부터 매일 비판을 당하며 상처를 입었기 때문에 '작은 침례교인 소녀'가 존재하게 되었다. '비판자'와 '작은 침례교인 소녀'는 강력한 제휴를 맺고 어릴 적부터 조앤을 끊임없이 꾸짖으며 괴롭혔다. 나는 다른 부분들에게 내면의 화합을 위한 노력에 기꺼이 이 두 부분을 함께 참여토록 할 것인지 물었다. 그들은 약간 주저하면서도 동의는 하였다.

이 내면의 화합을 향한 노력은 여러 가지 면에서 기대 이상이었다. 조앤은 이 과정 중에 화합의 실마리를 찾아내었고, 한걸음 더 나아가 예수의 모습도 볼 수 있게 되었다. 성장하면서 교회로부터 받았던 수치심의 고통 때문에 오래 전에 기독교 신앙을 떠난 이후 조앤은 전혀 뜻밖의 경험을 하게 되었다.

'비판자'와 '작은 침례교인 소녀'가 이 내면의 화합을 되찾는 여정에 함께 하는 것은 중요하였다. 왜냐하면 그들이 소인격체 클리닉의 초점이기 때문이다. 우리가 '배제하고 싶어하는 부분'은 일단 그들의 극단적인 형태로부터 해방되기만 하면 시스템에 매우 중요한 성품을 가지고 있는 경우가 자주 있다. 내면의 화합을 되찾는 여정에서 소피아는 '비판자'에 접근하였다. 그녀는 자신의 손을 '비판자'의 흠잡으려는 약한 눈에 대어 '비판자'의 시력을 온전히 회복시켰다. 소피아는 '비판자'가 이제는 '온전성'이라 불릴 것이고, 시스템에서의 새로운 임무는 도덕적 의무의 강조나 외압적인 강요가 아니라, '온전성'을 향해 자발적으로 나아가도록 조앤에게 방향을 제시하는 것임을 선언하였다. '비판자'가 과거에 그녀가 행한 모든 것을 측정하고 평가하는 데 사용했던 '자'는 그녀의 가슴을 가리키는 '나침반'으로 바뀌었다. 앞으로 '온전성'은 조앤의 매일의 삶 가운데 안내의 중요한 역할을 담당할 것이다.

그러고 나서 예수는 '작은 침례교인 소녀'에게 다가가서 그녀의 좁은 흑백사고를 치유하고는 그녀의 새로운 이름이 이제는 '신앙'임을 선언하였다. 그리고 그녀가 꼭 쥐고

소피아는 자원하여 내면의 '비판자'를 그녀의 진정한 기능인 '온전성'으로 변화시켰다.

내담자는 예수의 모습을 가진 내면의 '안내자'가 놀랍게도 자신의 '작은 침례교인 소녀'를 흑백사고로부터 해방시킨 것을 발견하였다.

있던 성경을 마음 중심에 자리 잡은 살아 있는 말씀의 광채로 바꾸었다. '신앙'은 조앤에게 과거 교회 생활에서 실망했었던 영적 진리에 대한 신뢰감을 불어넣었다.

이 같이 소인격체 클리닉에서는, 자주 **안내자**가 중심에 있고 모든 부분들이 **참자아**로 향하고 있음을 상징하는 원을 그리며 회기가 종료된다.

논의와 결론

솔직하게 나는 지금까지의 경험들을 과학적이고 객관적인 관점에서 어떻게 이해해야 할지 알지 못한다. 그

우리가 내면의 '안내자'의 도움으로 '참자아'를 발견할 때 모든 부분이 하나가 된다.

러나 이 내담자들이 치유를 향한 자원들을 제공해줄 수 있는 내면의 **안내자**를 경험한 것은 매우 분명하다. 논리적으로 설명할 수는 없지만, 그들은 깊고 자애로운 존재와 내면적으로 연결되어 안내와 지혜를 찾아내었다.

내담자들은 이 과정을 거치면서 만나는 사랑의 임재를 목격하면서 깊은 감동을 받았다. 나는 나의 내담자의 경험으로 말미암아 내 삶 자체가 매우 풍요로워짐을 경험하고 있다. 또한 깊은 영성으로 수놓아진 순간들로부터 흘러나오는 깊은 평온함을 경험한다. 무엇보다 나를 일에 파묻어 탈진에 이르게 하는 **관리자**에게 의지하기보다는 **참자아** 상태에서 치료 과정에 참여함으로써 새로워지고 있다.

이러한 발견을 통해 치료사로서 가장 중요한 역할 중의 하나는 내담자들을 그들이 가지고 있는 치유와 지혜의 영적 원천에 연결되도록 돕는 일임을 깨달았다. 많은 사람들은 이 지혜와 안내가 자신들 내면의 원천으로부터 오기도 하지만 어떤 이들에게는 외부에 있는 영적 **안내자**와 연결됨으로써 오기도 한다.

만약 어떤 사람이—특히 어릴 적에 외상을 경험한 경우—이러한 **안내자**를 찾을 수 있으면, 치료 과정이 훨씬 빨라지는 것을 경험하였다. 그 이유는 앞서 논의한 바와 같이 **안내자**가 **참자아**의 성품을 지니고 있기 때문인 것으로 보인다. **안내자**가 시스템에 들어오면 **참자아** 성품을 프로세스에 부여한다. 달리 이야기하면, 어떤 사람이 외상 경험의 기억이나 고통을 짊어지고 있는 한 부분을 찾아낼 수 있다면 그 부분은 **안내자**를 통하여 침착하고 자애로운 지혜자의 도움을 받을 수 있음을 의미한다.

이 같은 영적 자원 없이는 시스템이 외상을 입은 부분들을 다룰 수 없기 때문에 사전에 치료사는 **참자아**가 리더십을 회복할 수 있도록 천천히 진행해야 한다. 만약 치료사가 이렇게 하지 않으면 외상 입은 **추방자**들은 고통스런 기억으로 시스템을 뒤덮어버리겠다고 협박하고, **소방관**들은 행동으로 옮기며, 경직된 **관리자**들은 다시금 힘을 발휘하게 된다. 외상을 입은 시스템에서는 **참자아**의 회복에 오랜 시간이 필요할 수 있다. 그러나 만약 영적 **안내자**가 있다면 치유는 가속되고 '극단적인 부분'은 좀더 쉽게 변화되며 **추방자**는 좀더 쉽게 위안을 얻고 안전하게 시스템 안으로 통합된다. **안내자**가 있음으로 **참자아** 리더십 발달도 속도를 더하게 된다. 그것은 치료사에게 겸손과 해방의 두 가지 경험을 맛보게 한다. 진정한 **안내자**가 존재하여 강력한 치유의 원천을 제공한다면 치료사의 주된 임무는 내담자가 그 원천에 접근하도록 돕는 것이기 때문이다.

치료사는 치료 과정 초기에 내담자의 영적 경험을 탐색하며 **안내자**의 임재를 말해줄 수 있는 신호에 귀를 기울이는 것이 좋다. 그러나 치료사는 이러한 생각이 내담자에게 노출되어 강요하는 느낌을 주지 않도록 조심해야 한다. 이 장 마지막에 있는 '안내를 통한 이미지 연상 훈련'은 소인격체 클리닉에 기능할 수 있는 **안내자**를 밝히고 대면하는 데 도움을 준다. 동시에 치료사는 이 영적인 원천이 모든 것을 고치는 데 사용될 수 있다는 생각에 현혹되지 말아야 한다. 모든 치유 과정에서 가장 중요한 작업은 **참자아**로의 접근, 부분들의 이해, 그리고 시스템의 균형을 잃지 않는 것이다. 치료사는 **안내자**가 도움이 된다고 생각되면, 그를 초대할 수 있지만, 내담자의 판단에 따라 진행 여부를 결정해야 한다.

이것이 임상가에게 의미하는 바는 무엇인가? 나는 소인격체 클리닉에서 등장하는 영적인 연결이 내담자의 내면 시스템을 변화시키는 능력을 갖고 있다는 사실을 부인할 수 없다. 이러한 영적인 **안내자**가 시스템의 균형과 평형을 회복시키는 근본적인 힘이다. **안내자**는 내담자에 대한 깊은 지혜와 지식을 소유하고 있고 평화롭고 사랑이 넘치는 마음 상태를 제공한다. 내담자들이 자신들의 시스템 안에서 고통과 외상에 직면할 때 **안내자**가 가져다주는 도움과 가치는 대단히 크다. 아마도 가장 중요한 것은 이러한 자원들이 내담자 자신의 경험에서 솟아나는 것이므로, 결국 내담자 자신의 전인적 감각을 돕고 있다는 사실이다. 내담자가 항상 그들에게 접근하려는 생각을 갖고 있다면 언제든지 가능하다.

다음의 연습은 내면의 **안내자**와 연결될 수 있도록 돕는 '안내를 통한 이미지 연상 훈련'이다. 워크숍이나 내면작업에서 나나 내담자 모두의 내면 자원을 끌어내기 위해 이것을 사용한다.

내면의 안내자 찾기

다음의 지시사항을 이용하여 당신에게 가장 적합한 느낌을 갖도록 조정 · 첨삭 · 변형하면서 '안내를 통한 이미지 연상 훈련'을 디자인해보도록 하자. 자신의 목소리를 들을 수 있는 테이프를 만들 수도 있다. 혹은 누군가에게 읽어달라고 부탁할 수도 있고 집단훈련으로 해도 좋다. 당신이 직접 경험을 해보는 것이 중요하다. 당신에게 맞는 느낌이 드는 것을 사용하라. 이 '안내를 통한 이미지 연상 훈련'을 읽는 동안 이미지 연상이 자유롭게 펼쳐지도록 여유 있는 속도를 정하는 것이 중요하다. 당신이 잠깐 쉴 수 있을만한 곳을 말줄임표(…)로 표시하였다.

시작 요령

이것은 영적인 안내자와 대면할 수 있는 치유의 장소로 나아가는 여정이다. 우리는 먼저 긴장을 풀고 우리의 중심으로 나아가는 시간을 한동안 갖는다.

- 자신의 호흡을 자각한다.
- 들이마시면서 "나는 들이마시고 있음을 자각합니다." (들이마실 때 '안'을 생각한다.)
- 내쉬면서 "나는 내쉬고 있음을 자각합니다."(내쉴 때 '밖'을 생각한다.)
- 들이마시면서 "나는 내 몸과 마음을 고요하게 만듭니다." (들이마실 때 '고요하게 만든다'고 생각한다.)
- 내쉬면서 "나는 긴장을 풉니다." (내쉴 때 '푼다'고 생각한다.)
- 호흡할 때마다 당신의 몸이 좀더 긴장을 풀고, 가라앉게 됨을 자각한다.
- 몸에 긴장이 남아 있는 곳이 있는지 살핀다. 당신이 긴장을 풀면서 천천히 호흡을 함으로써 그곳에 고요함이 느껴지도록 한다.

평온한 곳을 찾기

- 아름다운 곳의 가장자리에 서 있는 당신의 모습을 상상한다. … 안전한 느낌이 들 때 쉼과 안내를 받을 수 있는 곳, 평온한 치유의 장소로 이끌 것 같은 오솔길이 보인다. …
- 준비가 되면 오솔길을 따라 걷기 시작한다. … 당신의 발이 땅과 연결되는 느낌이 든다. 향기가 코로 들어온다.… 자연의 소리도. …
- 길을 따라 가면서 풍경들을 자각한다. … 골짜기를 따라가거나 언덕을 올라갈 수도 있다. 주위에 물이 있을 수도 있다. … 평온하고 고요한 이곳으로 인도하는 오솔길을 따라 걷는다. …

- 점점 당신의 자아가 아름답고 평온하고 안전한 곳으로 가까이 다가감을 느낀다. …
- 평화와 치유의 장소에 도착하면, 한동안 그곳을 둘러보며, 그곳의 분위기를 만끽한다. … 주위의 모습은 어떤가? 그곳에 나무들이나 다른 식물들이 있는가? … 그곳에 연못, 폭포 혹은 호수 같은 물이 있는가? 이곳의 평온한 것들이 당신의 존재 깊숙이 파고 들도록 한다. …

안내받기

- 당신이 앉아 더욱 더 깊이 쉴 수 있는, 마치 당신만을 위해 만들어놓은 것 같은 특별한 장소가 눈에 띌 수도 있다. … 원하면 이곳에 다가가 앉거나 드러누워도 좋다. … 편안한 느낌이 온다. 그러나 여기는 당신이 안내의 원천과 함께 하기 위한 장소라는 것을 알고는 정신이 번쩍 든다. …
- 당신은 점점 안내의 원천을 자각하게 된다. 지혜롭고 넘치는 사랑이 함께 함을 감지한다. … 안내는 여러 가지 방식으로 나타날 수 있다. 단지 당신의 느낌으로, 어떤 인물로, 혹은 음성이나 빛으로. 형태가 무엇이든지 당신은 안전한 느낌, 돌봄을 받는 느낌, 그리고 그의 임재 안에서 사랑받는 느낌을 갖게 된다. …
- 이러한 임재에 대한 당신의 느낌을 명료하게 한다. … 깊이 이해받고 있으며 돌봄을 받고 있다는 느낌을 갖는다. … 이 안내의 원천과 어떻게 마음을 나눌 수 있는지 자각한다. … 그것과 접촉한다. … 이름을 가지고 있는가? … 당신이 그 원천으로부터의 안내받기를 원한다는 사실을 알린다. … 질문이 있는가? … 이 평화와 치유의 장소에서 당신이 하고 싶은 것은 무엇이든지 한다. …

회기 끝내기

- 당신이 지금까지 가졌던 안내의 원천과의 나눔을 끝내기 위해서 얼마간의 시간을 가진다. … 당신이 매일의 삶에 어떻게 그의 임재를 가져올 수 있는지 물어볼 수 있다. … 당신은 어떻게 자신의 경험을 가져올 수 있는가? …
- 당신은 자신의 경험을 기억하는 데 도움이 될 수 있는 상징물을 정할 수도 있다. … 당신이 어느 때고 그때 그 장소에 되돌아올 수 있음을 기억나게 해주는 것…
- 이제 이 평화와 치유의 장소를 떠날 준비를 시작한다. … 안내의 원천에게 감사하고 싶어할 수도 있다. … 준비가 되면 당신의 일상 의식으로 이어지는 오솔길을 따라 되돌아간다. 그것은 동일한 길일 수도 있고 다른 길일 수도 있다. … 시간을 갖고 되돌아간다. … 당신은 머지않아 기분이 전환되고 깨어난 느낌으로 이 내면의 여행을 기억하며 일상의 의식으로 되돌아간다는 것을 자각하고 있다.

- 당신이 출발했던 곳으로 되돌아오면 부드럽게 당신의 호흡에 주의를 기울인다. … 숨을 들여 마실 때 들이마시는 것을, 내쉴 때 내쉬는 것을 자각하며… 당신이 품고 온 평화로움이 당신의 몸을 통해 흘러가는 느낌을 느끼며, 당신의 몸을 자각하라.
- 당신의 손가락과 손을 움직이기 시작한다. … 스트레칭을 하고 다시 주위에 귀를 기울인다. … 그리고 준비가 되면 눈을 뜬다. 기분이 전환되고 깨어난 일상의 의식으로 돌아간다.

후기

우리는 이 소인격체 클리닉 모델을 통해 당신과 다른 사람들을 이해하는 방법 몇 가지를 소개할 목적으로 이 책을 만들었다. 우리의 내면 시스템이 어떻게, 그리고 왜 이렇게 작동하는지에 대한 우리의 통찰을 함께 나누었다. 어떤 독자들은 이 책을 통해 이미 자신과 다른 사람에 대한 깊은 이해의 여정을 시작하였을 것이다. 또 어떤 독자들은 이러한 유형의 내면 작업을 직접 경험하고자 하는 호기심을 가지게 되었을 수도 있다.

마지막 두 장은 이 접근법에 대해 상당한 경험을 가진 내담자와 가졌던 집중적인 치료 과정을 보여준다. 이 집중적인 내면 작업을 하기 위해서는 IFS 모델을 훈련받은 치료사가 필요하다. 당신 혼자서는 할 수 없다.

당신이 이미 치료 회기 중에 있다면 당신의 치료사와 이야기를 나누어도 좋다. 이 책에서 발견한 유용한 포인트들을 소인격체 클리닉에서 어떻게 사용할 수 있는지 탐색해봐도 좋다. 만약 당신이 현재 치료를 받고 있지는 않지만 이 같은 상황 가운데 놓여 있다면 위기상담기관, 지역 정신건강센터 혹은 당신이 원하는 신앙상담기관 같은 자원들로부터 도움을 구하도록 하라.

이 장의 마지막에 IFS 자료 목록이 있다. 리처드 쉬워츠가 만든 웹사이트에는 IFS 모델을 훈련받은 치료사 명단이 나와 있으며 이 내면 작업에 대해 읽어볼만한 많은 자료들이 실려 있다.

이 책에 대한 독자의 의견—어떤 면이 도움이 되었으며, 어떤 면이 개선될 수 있는지—을 기다리고 있다. 이것은 '진행 중인 작업'이며 앞으로 개정판이 나오게 되면 독자들뿐만 아니라 워크숍 참가자들로부터 받은 의견들까지도 포함시키고자 한다.

내면 여정을 계속하면서 좋은 일들이 많이 있기를 기원한다.

톰, 로리, 샤론

소인격체 클리닉 / IFS 자료

www.wingedheart.org

- 이것은 나의 웹사이트이다. 이곳에 나의 저술들, 영적 자료, 내가 제공한 워크숍에 대한 정보가 들어 있다.

www.selfleadership.org

- 이것은 리처드 쉬워츠의 웹사이트이다. 'resource' 탭을 클릭하면 IFS를 훈련받은 치료사들의 명단이 있는 임상가 주소록을 비롯하여 많은 자료를 볼 수 있다.

IFS에 대한 심층 서적 :

- Schwartz, Richard (2001). *Introduction to the Internal Family Systems Model*. Oak Park, Il: The Center for Self Leadership. (일반인용)
- Schwartz, Richard (1995). *Internal Family Systems Therapy*. New York: Guilford Press. (치료사용)
- Earley, Jay (2009). *Self-Therapy: A Step-By-Step Guide to Creating Inner Wholeness Using IFS, A New, Cutting-Edge Therapy*. Mill City Press, Inc.
- Barbera, Mona (2008). *Bring Yourself to Love: How Couples Can Turn Disconnection into Intimacy and Creative Communication for a Naturally Spiritual Marriage/Committed Relationship, Using Internal Family Systems*. Dos Monos Press.

참고문헌

서론

Rowan, John (1990). *Subpersonalities: The People Inside Us*. New York: Routledge.

Thich Nhat Hanh (2001). *Transformation at the Base*. Berkeley, CA: Parallax Press.

Thich Nhat Hanh (2006). *The Nature of Mind*. Berkeley, CA: Parallax Press.

Schwartz, Richard (2001). *Introduction to the Internal Family Systems Model*. Oak Park, Il: The Center for Self Leadership.

Schwartz, Richard (1995). *Internal Family Systems Therapy*. New York: Guilford Press.

제1장

Thich Nhat Hanh (2006). *The Nature of Mind*. Berkeley, CA: Parallax Press.

Thich Nhat Hanh (1989). Lecture on the Nature of Consciousness. Omega Institute, Rhinebeck, NY. Unpublished.

제2장

Barks, Coleman & Green, Michael (1997). *The Illuminated Rumi*. New York: Broadway Books, 77.

Barks, Coleman (1987). *We are Three: New Rumi Poems*. Athens, GA: Maypop Books, 44.

Brown, Molly (1983). *The Unfolding Self: Psychosynthesis and Counseling*. Los Angeles: Psychosynthesis Press, 11-12.

Frost, Robert (1943). *A Witness Tree*. London: J. Cape, 46.

Kunitz, Stanley (1995). *Passing Through: The Later Poems*. New York: W.W. Norton, 107.

Mitchell, Stephen, ed. (1993). *The Enlightened Heart: An Anthology of Sacred Poetry*. New York: Harper Perenial.

Schwartz, Richard (2003). *The Internal Family Systems Model*. Center for Self Leadership. Accessed Aug. 20, 2007. http://www.selfleadership.org/ifsmodel.asp.

Singer, June (1973). *Boundaries of the Soul: The Practice of Jung's Psychology*. Garden City, NY: Anchor Books. 271-272.

Whitman, Walt (1897). *Leaves of Grass*. Small, Maynard & Company. Original Harvard University, Digitized Sept. 27, 2005, on Google Books.

제6장

Tolstoy, Leo. *Anna Karenina*. Trans. Richard Pevear and Larissa Volokhonsky (2002). New York: Penguin Classics, 704-706.

원저자들

톰 홈즈는 웨스턴미시간대학교의 명예교수로, 1985년부터 심리치료 분야의 대학원생들을 훈련시키고 있다. 1996년부터 2006년까지 웨스턴미시간대학교의 전인건강 프로그램(Holistic Health Care)의 지도교수로 있다. 그의 전공분야는 영성과 치료 프로세스다. 톰은 1980년대 후반 리처드 쉬워츠로부터 IFS 치료 훈련을 받았고 그 이후로 IFS를 교육하고 훈련시키며 임상에 적용해오고 있다.

최근에는 '치유자를 치유하기'와 '치유자의 마음을 조율하기' 등 탈진 예방에 관심을 가지고 있다. 그의 워크숍은 서양 심리학을 불교 심리학과 마음을 향한 수피의 길(Sufi path), 그리고 기독교, 유대교 및 도(Taoism)의 영적인 가르침을 통합하고 있다. 그의 전문성은 영성을 소인격체 클리닉과 통합시키는 것에 있다.

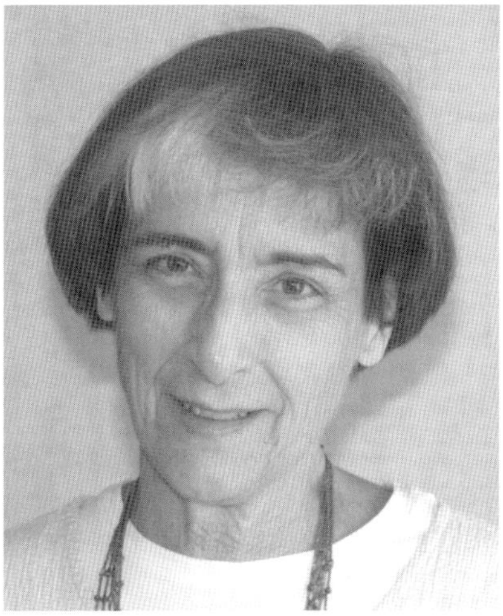

로리 홈즈는 사회복지사로서 22년간 칼라마주 지역의 가족아동서비스센터에서 가족상담 프로그램의 책임자로 있으면서, 직접 치료하고 치료사들을 감독하며 프로그램을 개발하였다. 살바도르 미누친으로부터 가족치료사로 훈련받고, 1980년대 후반 가족치료 네트워크 컨퍼런스에서 리처드 쉬워츠를 만났다. 그 후부터 그녀의 상담원들을 소인격체 클리닉 모델로 훈련시켰다. 은퇴 후에 그녀는 톰을 도와 저술작업과 워크숍 발표, 미술, 음악, 지역봉사 등 다양한 분야에 관심을 가지고 일하고 있다.

삽화가

샤론 에크스타인은 순수미술 석사학위를 가졌고, 공립학교를 비롯해서 웨스턴미시간대학교와 칼라마주 미술학교에서 미술을 가르쳤다. 오랫동안 갤러리 미술가로 활동하였고 수많은 상을 수상하였다. 또한 상담심리학 석사학위를 가지고 있고 미술치료를 그녀의 개인 임상에 포함시키고 있다. 그녀 역시 수년간 IFS 치료를 공부해오고 있다.